PROGRAMMIER-
LEITFADEN

AUTO CAD

**Alle Versionen
einschließlich 9.0**

EKBERT HERING

UTE FALLSCHEER

Programmierleitfäden

HyperCard
von Karl-Heinz Becker und Michael Dörfler

IBM ROM BIOS
von Ray Duncan
(Ein MICROSOFT PRESS/VIEWEG-Buch)

Auto CAD
von Ekbert Hering und Ute Fallscheer

SQL
herausgegeben von Andreas Dripke

MS-DOS Funktionen
von Ray Duncan
(Ein MICROSOFT PRESS/VIEWEG-Buch)

Vieweg

Ekbert Hering und Ute Fallscheer

PROGRAMMIERLEITFADEN

AutoCAD

Alle Versionen einschließlich
9.0

Friedr. Vieweg & Sohn   Braunschweig/Wiesbaden

Das in diesem Buch enthaltene Programm-Material ist mit keiner Verpflichtung oder Garantie irgendeiner Art verbunden. Die Autoren und der Verlag übernehmen infolgedessen keine Verantwortung und werden keine daraus folgende oder sonstige Haftung übernehmen, die auf irgendeine Art aus der Benutzung dieses Programm-Materials oder Teilen davon entsteht.

Der Verlag Vieweg ist ein Unternehmen der Verlagsgruppe Bertelsmann.

Umschlaggestaltung: Ludwig Markgraf, Wiesbaden
Druck und buchbinderische Verarbeitung: W. Langelüddecke, Braunschweig

ISBN-13: 978-3-528-04644-6   e-ISBN-13: 978-3-322-84389-0
DOI: 10.1007/ 978-3-322-84389-0

Inhaltsverzeichnis

1 Einführung

Dieser Programmierleitfaden enthält alle Befehle (in deutsch und englisch) sowie alle Systemvariablen von Auto-CAD bis einschließlich der Version 9. Deshalb dient das Buch dem geübten Programmierer als Nachschlagewerk und dem erfahrenen CAD-Umsteiger als schnelle Orientierungshilfe. Aber auch dem Anfänger ist dieses Buch nützlich, da es in komprimierter und dennoch klar gegliederter Form die wesentlichsten Elemente von Auto-CAD enthält. Der Programmierleitfaden ist in folgende Abschnitte gegliedert:

Befehle (Abschnitt 2)

Die Befehle von AutoCAD sind in alphabetischer Reihenfolge geordnet. Sie sind alle nach dem gleichen Schema gegliedert:

a) Erste Zeile

Sie ist folgendermaßen aufgebaut:

- **DEUTSCHER NAME** in Fettschrift und in Großbuchstaben;
- (ENGLISCHE BEZEICHNUNG) in Klammern;
- Eventuell eine Angabe zur Ausbaustufe (mit vorangestelltem +);
- *Anwendungsgebiet* des Befehls in kursiver Schrift.

b) Befehlsbeschreibung

Es folgt eine kurze Beschreibung der Wirkungsweise und des Einsatzgebietes des Befehls.

c) Beispiel

Im Kleinsatz ist ein Beispiel angegeben, das zum einen die Syntax erklärt und zum anderen die Anwendungsmöglichkeiten des Befehls aufzeigt.

Anhang (Abschnitt 3)

Der Anhang besteht aus drei Teilen.

1) Ordnung der Befehle nach Anwendungsgebieten (Abschnitt 3.1)

Die Befehle sind entsprechend ihren Anwendungsgebieten zusammengefaßt.

2) Übersetzung der Befehle (Abschnitt 3.2)

An dieser Stelle werden die AutoCAD-Befehle sowohl deutsch-englisch, als auch englisch-deutsch gegenübergestellt.

3) Liste der Systemvariablen (Abschnitt 3.3)

In vielen AutoCAD-Befehlen werden eine Reihe von Systemvariablen verwendet, deren Werte eingestellt werden können. Diese Informationen können vor allem in Zusatzprogrammen weiterverarbeitet werden (z.B. in AutoLISP).

Schlüssel für das Arbeiten mit AutoCAD (Abschnitt 4)

Mit diesem ausführlichen Sachwort- und Befehlsverzeichnis können Ihre Fragen rasch und problemlos beantwortet werden. Sie werden an alle Stellen verwiesen, die für Ihre Probleme wichtig sind. Die *Befehle* sind in GROSSBUCHSTABEN geschrieben. Hinter den Stichworten befinden sich in Klammern die zugehörigen Befehle, die Sie im alphabetisch geordneten Befehlsteil (Abschnitt 3) nachschlagen können.

2 Befehle

ABRUNDEN (FILLET) +1   *Änderungsbefehl*
Verbindet zwei Linien, Bögen oder Kreise mit einem Bogen
eines bestimmten Abrundungsradius. Auch ganze Polylinien
können abgerundet werden.

ABRUNDEN
        Polylinie/Radius/<Zwei Objekte waehlen>:

Polylinie   Ganze Polylinie abrunden.
Radius   Abrundungsradius setzen.

ABSTAND (DIST)   *Abfragebefehl*
Zwischen zwei Punkten wird der Abstand (in Zeichnungseinheiten), der Winkel sowie die Änderung von X (Delta X), die
Änderung von Y (Delta Y) und die Änderung von Z (Delta Z)
bestimmt.

ABSTAND
        Erster Punkt:
        Zweiter Punkt:

AENDERN (CHANGE)   *Änderungsbefehl*
Ändern von Eigenschaften bestehender, auszuwählender
Objekte durch Wahl eines Modifikationspunktes oder entspre-
chender Eigenschaften.

AENDERN
        Objekte waehlen:
        Eigenschaften/<Modifikationspunkt>:

Für Option "Modifikationspunkt" (MP):

Linie   nächster Endpunkt wird zum MP gezogen
           (Ausnahme: ORTHO).
Kreis   Radius wird so geändert, daß MP auf dem Kreis liegt.
Block   Änderung der Lage relativ zum MP. Neuer Winkel kann
           eingegeben werden.
Text   Änderung der Lage relativ zum MP. Textstil,
           Höhe, Winkel und Texteingabe können neu eingegeben
           werden.

Für Option "Eigenschaften":

Farbe   Ändern der Farbe eines Objekts.
Erhebung   (ADE-3). Ändern der Erhebung von Objekten.
LAyer   Verschieben der Objekte von Ebene (Layer) zu Ebene
                    (Layer).
LTyp   Ändern des Linientyps.
Objekthoehe   (ADE-3). Ändern der Objekthöhe.

<u>AENDERN</u>

        Objekte waehlen: (<u>Wahl</u>)
        Eigenschaften/<Modifikationspunkt>: <u>Ei</u>
        Welche Eigenschaft aendern
        (Farbe/Erhebung/LAyer/LTyp/Objekthoehe)?

APUNKT (VPOINT) +3   *Anzeigebefehl*

Bestimmung eines Ansichtspunktes im Raum durch Eingabe der Koordinaten. Wird statt dessen die <RETURN>-Taste gedrückt, erscheint ein Koordinatendreibein und ein Kompaß auf dem Bildschirm, mit deren Hilfe die Koordinaten ebenfalls festgelegt werden können. Der Ansichtspunkt (0,0,1) zeigt die Draufsicht des Körpers (2-dimensional). Mit den Befehlen AUSSCHNT HOLEN und ZOOM VORHER können vorhergegangene Ansichten auf den Bildschirm geholt werden; mit der Option "Drehen" wird der neue Ansichtspunkt durch zwei Winkel festgelegt: der erste Winkel bezüglich der X-Achse, der zweite Winkel bezüglich der Z-Achse.

<u>APUNKT</u>

        Drehen/<Ansichtspunkt> <aktuell X,Y,Z>:

ATTDEF (ATTDEF) +2   *Blockbefehl*

Festlegen der Modi eines Attributs und des Attributs selbst; beispielsweise des Attributwertes und seiner Plazierung.

<u>ATTDEF</u>

        Attributmodi -- Unsichtbar:N Konstant:N Pruefen:N Vorwahl: N
        Fuer Aenderungen (UKP) eingeben, RETURN wenn abgeschlossen:

Folgende Modi sind möglich:

Unsichtbar   Attribut-Information wird nicht in der Zeichnung
                    angezeigt; Weiterverarbeitung möglich.
Konstant   Attribut hat immer den gleichen Wert.
Pruefen   Attributwert kann beim Einfügen geändert werden.
Vorwahl   Attributwert wird ohne Änderung eingefügt.

Im Anschluß daran können die Bezeichnung, die Frage, der Vorgabewert
des Attributs, die Plazierung, die Höhe und der Drehwinkel eingegeben
werden.

Attributsbezeichnung: (bis 31 Zeichen; Buchstaben, Zahlen, $, -, _)
Attributanfrage:
Vorgegebener Attributwert:
Startpunkt oder Ausrichten/Zentrieren/Einpassen/Mitte/Rechts/Stil:
Hoehe <Vorgabewert>:
Einfuege-Winkel <Vorgabewert>:

ATTEDIT (ATTEDIT) +2 *Blockbefehl*

Möglichkeit, Attribute unabhängig von den Blöcken zu ändern.
Diese Änderungen können einzelne Attribute betreffen oder
allgemeingültig sein. Die Änderungen können sich auf die
Attributs-Bezeichnungen oder auf die Attribut-Werte beziehen
(auch auf die zur Zeit unsichtbaren).

<u>ATTEDIT</u>

    Attribute einzeln editieren? <J>
    Blockname Spezifikation <*>:
    Attributbezeichnung Spezifikation <*>:
    Attributwert Spezifikation <*>:
    Attribute waehlen:

ATTEXT (ATTEXT) +2 *Blockbefehl*

Attributelemente aus der Zeichnung können in speziellen
Dateiformaten extern gespeichert werden, um in anderen Pro-
grammen zur Weiterverarbeitung zur Verfügung zu stehen.

<u>ATTEXT</u>

    CDF, SDF oder DXF Attribute ausgeben (oder Elemente)? <C>:

CDF	Comma Delimited Format. In diesem Format abgelegte Attribute können beispielsweise in dBASE weiterverarbeitet werden.
SDF	Standardeingabe-Datei für Mikrocomputer (z. B. für dBASE).
DXF	Dateiformat für den Zeichnungsaustausch in AutoCAD.
Elemente	Angabe der Elemente, die in speziellen Dateiformaten extern abgespeichert werden sollen.

ATTZEIG (ATTDISP) +2 *Blockbefehl*
Wahl der Sichtbarkeit für Attribute.

<u>ATTZEIG</u>

        Normal/Ein/Aus <Normal>:

Normal   Sichtbare Attribute werden angezeigt;
                unsichtbare nicht.
Ein   Alle Attribute sind sichtbar.
Aus   Alle Attribute sind unsichtbar.

AUFLOES (VIEWRES) *Anzeigebefehl*
Steuerung des Schnellzoom-Modus und Bestimmen der Auflö-
segenauigkeit des Bildschirms.

<u>AUFLOES</u>

        Wollen Sie Schnellzoom? <J>
        Kreiszoomkomponente eingeben (1-20000) <100>:

(Die Kreiszoomkomponente gibt Genauigkeit an, mit der die Kreise und
Bögen gezeichnet werden. Eine höhere Genauigkeit vermindert aber die
Zeichengeschwindigkeit. Beim Wert von 100 wird ein eigener Algorithmus
von AutoCAD verwendet).

'AUSSCHNT (VIEW) +2 *Anzeigebefehl*
Benannte Ausschnitte können aufgelistet, gelöscht, geholt,
gespeichert oder ein Fenster gewählt werden.

<u>AUSSCHNT</u>

        ?/Loeschen/Holen/Sichern/Fenster:

?   Auflisten aller benannten Ausschnitte der Zeichnung.
Loeschen   Ein gespeicherter Ausschnit wird gelöscht.
Holen   Der gewünschte Ausschnitt wird geholt.
Speichern   Aktueller Bildschirmausschnitt wird benannt und
                gespeichert.
Fenster   Festgelegtes Fenster wird mit einem Namen versehen und
                gespeichert.

BAND (TRACE) *Zeichenbefehl*
Zeichnen von Bändern, d.h. Linien mit angegebener Breite.
Bänder können gefüllt oder nicht ausgefüllt gezeichnet werden
(s. FUELLEN).

6

<u>BAND</u>

      Bandbreite <1.00>:
      Von Punkt:
      Nach Punkt:
      Nach Punkt:
      Nach Punkt: (<u>RETURN</u>, um Eingabe zu beenden)

BASIS (BASE)   *Blockbefehl*

Festlegen eines Basis-Einfügepunktes zum Einfügen der aktuellen Zeichnung in andere Zeichnungen.

<u>BASIS</u> Basispunkt <0.00,0.00,0.00>:

BEM   (DIM) +1   *Bemaßungsbefehl*

Aufrufen des Bemaßungs-Modus. Folgende Bemaßungsbefehle sind möglich (Kurzeingabe mit den Großbuchstaben):

AUSrichten	Linearbemaßung parallel zu den angegebenen Punkten.
BASislinie	Linearbemaßung, immer von der Basislinie ausgehend.
DREhen	Linearbemaßung unter einem bestimmten Winkel.
DURchmesser	Bemaßen eines Kreises oder Bogens.
EXIt	Abbruch der Bemaßung; Rückkehr in den Befehls-Modus.
FUEhrung	Zeichnen einer Führungslinie vom Objekt zum Text.
HOMetext	Der Text für das gewählte Objekt wird in die ursprüngliche Position (home) gebracht.
HORizontal	Linearbemaßung mit horizontaler Maßlinie.
Loeschen	Löschen des zuletzt eingegebenen Maßtextes.
NEUtext	Ändern des Textes für das gewählte Objekt.
NEUzeich	Neuzeichnen eines Ausschnitts; Löschen eventuell vorhandener Konstruktionspunkte.
RADius	Bemaßen eines Kreises oder Bogens.
STAtus	Anzeige der aktuellen Bemaßungsvariablen mit dem beschreibenden Text.
STIl	Einstellen eines neuen Textstils.
UPDate	Die gewählten Objekte werden entsprechend den aktuellen Werten der Bemaßungsvariablen verändert.
VERtikal	Linearbemaßung mit vertikaler Maßlinie.
WEIter	Weiterführung der Linearbemaßung bei der 2. Maßlinie.
ZENtrum	Zeichnen des Mittelpunktes oder der Mittelpunktslinien bei einem Kreis oder Bogen.

Folgende Bemaßungsvariable steuern den Bemaßungsvorgang.

a) Variable bezüglich des Textes

BEMTIH   Text innerhalb horizontal.
EIN: Text innerhalb der Maßlinien ist waagrecht.
AUS: Text innerhalb der Maßlinien ist ausgerichtet
(Vorgabe).

BEMTAH   Text außerhalb horizontal.
EIN: Text außerhalb der Maßlinien ist waagrecht.
AUS: Text außerhalb der Maßlinien ist ausgerichtet
(Vorgabe).

BEMTXT   Text-Größe (Vorgabe: 3.5).

BEMTOL   Toleranzangabe.
EIN: Hinzufügen von Bemaßungs-Toleranzen.
AUS: Ohne Bemaßungstoleranzen (Vorgabe).

BEMTP   Toleranz Plus (Vorgabe: 0).

BEMTM   Toleranz Minus (Vorgabe: 0).

BEMRND   Runden der Bemaßungswerte auf die eingegebene
Genauigkeit (Vorgabe: 0, d. h. keine Rundung).

BEMGRE   Grenzen des Textes. Größt-und Kleinstmaß wird als
Maßtext verlangt (Vorgabe: AUS).

BEMTOM   Text oberhalb der Maßlinie
(Vorgabe: AUS, d.h. Maßtext innerhalb der Maßlinie).

BEMNACH   Zeichenkette festlegen, die nach der Maßzahl
geschrieben wird, noch vor einem mit <> angegebenen
Zusatz.

b) Variable bezüglich der Hilfslinien

BEMABH   Abstand der Hilfslinie vom Ausgangspunkt (Vorgabe 1).

BEMVEH   Verlängerung der Hilfslinie
Abstand, wie weit die Hilfslinie über die Maßlinie
hinausragt (Vorgabe 1.8).

BEMH1U   Hilfslinie 1 unterdrücken (Vorgabe: Aus).

BEMH2U   Hilfslinie 2 unterdrücken (Vorgabe: Aus).

BEMZEN   Größe des Zentrumspunktes (Vorgabe: 1.5).
                        (Für BEMZEN<0: Zeichnen der Zentrumslinien)

c) Variable bezüglich der Maßlinie

BEMVML   Verlängerung der Maßlinie (Vorgabe 0).

BEMIML   Inkrement Maßlinie.
                        gibt die Versetzung der Maßlinien an, damit Text nicht
                        überschrieben wird (bei Bemaßungsbefehlen: BASISLINIE
                        und WEITER) (Vorgabe: 7).

d) Variable bezüglich des Maßlinienendes

BEMPLG   Pfeillänge (Vorgabe 3.5).

BEMSLG   Strichlänge, bei Strichmarkierungen (Vorgabe 0).

BEMBLK   Name des Blocks, der anstelle von Pfeilen am Ende
                        einer
                        Maßlinie gezeichnet wird (Vorgabe: Keiner).

e) Variable zur Angabe der Maßeinheiten

BEMNZ   Null Zoll ausgeben. Dient zur Veränderung des
                        Zollwertes (Vorgabe:0).

BEMALT   Gleichzeitiges Bemaßen mit Alternativeinheiten
                        (Vorgabe: AUS).

BEMALTU   Alternativ-Einheiten, Umrechnungsfaktor
                        (Vorgabe: 25.4 Millimeter pro Zoll).

BEMALTD   Alternativ-Einheiten, Dezimalstellen (Vorgabe: 2).

BEMANACH   Definiert Zeichenkette, die nach einer Bemaßung mit
                        Alternativeinheiten gesetzt wird, noch vor einem
                        mit <> vorgegeben Zusatz.

f) Allgemeine Variablen

BEMFKTR   Allgemeiner Größenfaktor für alle Bemaßungsvariablen,
                        die Größen, Einschübe oder Abstände angeben.
                        Nicht für Toleranzen, gemessene Längen und Winkel.
                        (Vorgabe:1).

BEMGFLA	Globaler Größenfaktor für lineare Bemaßung. Sämtliche linearen Bemaßungen werden mit BEMGFLA multipliziert und ergeben die Maßzahl (Vorgabe 1).
BEMASSO	Assoziative Bemaßung, d. h. eine Bemaßung aus Hilfslinien, Maßlinien, Pfeilen und Text wird als ein Objekt angesehen (Vorgabe: Ein).
BEMZUG	Nachzug bei der Verschiebung von Objekten.

BEM1 (DIM1) +1   *Bemaßungsbefehl*

Ausführung eines einzigen Bemaßungsbefehls. Danach Rückkehr in den Befehls-Modus.

BEREINIG (PURGE)   *Änderungsbefehl*

Löschen von unbenutzten Objekten. Dieser Befehl kann nur verwendet werden, wenn er sofort nach Aufrufen des Zeichnungseditors als erster Befehl eingegeben wird. Bestimmte AutoCAD-Funktionen können nicht gelöscht werden, beispielsweise LAYER 0 und Linientyp AUSGEZOGEN.

<u>BEREINIG</u>

       Bereinigung unbenutzter Bloecke/LAyer/LTypen/Symbole/
       Textstile/Alles:

BFLOESCH (REDEFINE) +3   *Änderungsbefehl*

Löschen von AutoCAD-Befehlen, die in der Datei ACAD.PGP aufgeführt sind.

<u>BFLOESCH</u>

       Befehlsname:

BFRUECK (UNDEFINE) +3   *Änderungsbefehl*

Löschung von AutoCAD-Befehlen, die in der Datei ACAD.PGP aufgeführt waren, wird rückgängig gemacht.

<u>BFRUECK</u>

       Befehlsname:

BLOCK (BLOCK) *Blockbefehl*

Teile aus einer Zeichnung können als Block definiert werden,
damit sie in andere Zeichnungen eingefügt werden können
(unter eventuell verändertem X-, Y- und Z-Faktor und
Drehwinkel).

<u>BLOCK</u>

       Blockname (oder ?):
       Basispunkt der Einfuegung:
       Objekte waehlen:

Bei der Eingabe des Fragezeichens (?) wird eine Liste aller
definierten Blöcke angezeigt.

BOGEN (ARC) *Zeichenbefehl*

Es werden Bögen als Teilkreise erstellt. Folgende Methoden
zur Erstellung von Kreisbögen werden unterstützt:

- drei Punkte auf dem Kreisbogen (Standard)
- Startpunkt, Mittelpunkt, Endpunkt
- Startpunkt, Mittelpunkt, Winkel
- Startpunkt, Mittelpunkt, Sehnenlänge
- Startpunkt, Endpunkt, Radius
- Startpunkt, Endpunkt, Winkel
- Startpunkt, Endpunkt, Richtung
- Fortsetzung der vorherigen Linie oder des Bogens.

Im 3-Punkt-Format sieht die Befehlseingabe folgendermaßen
aus:

<u>BOGEN</u>

       Mittelpunkt/<Startpunkt>:
       Mittelpunkt/Endpunkt/<zweiter Punkt>:
       Endpunkt:

Folgende Möglichkeiten können gewählt werden:

E   Endpunkt
L   Länge der Sehne
M   Mittelpunkt
R   Radius
S   Startrichtung
W   Innenwinkel

Die Punkte werden im Gegenuhrzeigersinn miteinander verbunden.

BRUCH (BREAK) +1 *Änderungsbefehl*

Löschen von Teilen von Bändern, Bögen, Kreisen, Linien oder Polylinien oder Brechen eines Objektes in zwei Teile. Dazu wird das Objekt gewählt und auf die beiden Enden des Bruchs gezeigt.

```
BRUCH
        Objekt waehlen:
        Eingabe des zweiten Punktes (oder E fuer ersten Punkt):
```

Der Befehl Bruch wirkt, je nach Objekt, unterschiedlich:

```
Linie          Beide Punkte auf einer Linie: Unterteilung in zwei
               Linien; ein Punkt am Linienende, ein anderer
               außerhalb: Abschneiden der Linie.
Band           Wie bei Linie. Die Bruchenden sind immer rechtwinklig.
Kreis          Vom ersten bis zum zweiten Endpunkt wird im Gegenuhr-
               zeigersinn ein Stück entfernt, so daß ein Kreisbogen
               übrigbleibt.
Bogen          Beide Punkte auf dem Bogen: Unterteilung in zwei
               Kreisbögen; ein Endpunkt außerhalb des Kreises:
               Abschneiden eines Kreisendes. Löschung vom ersten
               zum zweiten Punkt im Gegenuhrzeigersinn.
Polylinie      Löschen der Polylinie zwischen den zwei eingegebenen
               Punkten
```

CATALOG (CATALOG) *Datei-Befehl*

Anzeige des Inhaltsverzeichnisses. Die Angabe des Laufwerkes und des Pfadnamens ist möglich. Keine Angabe über die Größe der Dateien; nur der freie Speicherplatz und die Anzahl der wird Dateien wird angezeigt.

```
CATALOG a:\acad\*.dwg
```

Anzeige des Inhaltsverzeichnisses auf Laufwerk A im Pfad acad für alle Dateien mit dem Zusatz .dwg.

DATEIEN (FILES) *Dateibefehl*

Dateien können angezeigt, umbenannt oder gelöscht werden, ohne den Zeichnungseditor verlassen zu müssen (entspricht Funktion 5 des AutoCAD-Hauptmenüs).

```
DATEIEN
```

```
Funktion waehlen (0 bis 5) <0>:
```

12

Es erscheint das Datei-Dienstmenü mit folgenden Möglichkeiten:

0.   Ende Datei-Dienstmenue
1.   Zeichnungsdateien auflisten
2.   Benutzerdateien auflisten
3.   Dateien loeschen
4.   Dateien umbenennen
5.   Dateien kopieren

Funktion waehlen (0 bis 5) <0>:

DBLISTE (DBLIST) *Abfragebefehl*

Zeigt die vollständige Inhaltsliste der Zeichnungsdatenbank für die aktuelle Zeichnung. Hauptsächlich für eine Fehlersuche geeignet. Mit <CTRL> <S> wird der Befehl unterbrochen, mit <RETURN> wieder fortgeführt und mit <CTRL> <C> beendet. <CTRL> <Q> vor Eingabe von DBLISTE gibt die Dateiliste auch auf einen Drucker aus.

DBLISTE

DDATTE (DDATTE) +3 *Dialogsteuerbefehl*

Ein Dialogfenster gestattet das Anschauen und das Ändern der Attributwerte eines Blocks.

DDATTE
      Block auswaehlen:

'DDLMODI (DDLMODES) +3 *Dialogsteuerbefehl*

Ein Dialogfenster gestattet die Änderung von aktuellen Layers oder das Erzeugen neuer Layer.

DDLMODI

'DDOMODI (DDEMODES) +3 *Dialogsteuerbefehl*

Ein Dialogfenster gestattet die Änderung verschiedener Modi des Objektzeichnens (aktueller Layer, Farbe, Linientyp, Erhebung und Objekthöhe).

DDOMODI

'DDRMODI (DDRMODES) +3   *Dialogsteuerbefehl*
Ein Dialogfenster gestattet die Änderung der Zeichnungshil-
fen, wie Fang, Raster, Skala, Ortho, Kpmodus und Isoebene.

```
DDRMODI
```

DEHNEN (EXTEND) +3   *Änderungsbefehl*
Verlängern von Objekten bis zu den Grenzkanten anderer
Objekte. Dazu zählen Bögen, Linien, Kreise und Polylinien.

```
DEHNEN
        Grenzkante(n) waehlen...
        Objekte waehlen:
        Objekt waehlen, das verlaengert werden soll:
```

DEL (DEL)   *DOS-Befehl*
Löschen einer oder mehrerer Dateien. Die Angabe des Laufwerkes und des Pfadnamens ist möglich.

```
DEL a:\acad\neuzeich.dwg
```

```
Im Laufwerk A wird im Pfad acad die Datei mit dem Namen neuzeich.dwg
gelöscht.
```

DIR (DIR)   *DOS-Befehl*
Anzeige des Inhaltsverzeichnisses. Die Angabe des Laufwerkes
und des Pfadnamens ist möglich. Die Größe der Dateien und
der freie Speicherplatz wird angegeben, ferner die Anzahl der
Dateien.

```
DIR a:\acad\*.dwg
```

```
Anzeige des Inhaltsverzeichnisses auf Laufwerk A im Pfad acad für alle
Dateien mit dem Zusatz .dwg.
```

DREHEN (ROTATE) +3   *Änderungsbefehl*
Bestehende Objekte können um einen zu wählenden Basispunkt gedreht werden.

```
DREHEN
        Objekte waehlen:
        Basispunkt:
        <Drehwinkel>/Bezug:
```

Eine numerische Eingabe legt einen Drehwinkel fest, um den die gewählten Objekte in ihrer aktuellen Position gedreht werden (positiv:
Gegenuhrzeigersinn; negativ: Uhrzeigersinn).

Bei "Bezug" wird ein aktueller Drehwinkel und ein neuer Drehwinkel
eingestellt. Dies kann von Vorteil sein, wenn Drehungen wieder rückgängig gemacht werden sollen.

        Bezugswinkel <0>:
        Neuer Winkel:

DTEXT (DTEXT) +3 — *Zeichenbefehl*

Zur genauen Beschreibung, s. Befehl TEXT. Im Unterschied
dazu kann der Text mehrzeilig am jeweiligen Cursorpunkt der
Zeichnung eingegeben werden. Bei einer neuen Zeile wird das
Fadenkreuz an den gewünschten Zeilenanfang gebracht und
der Pickknopf gedrückt. Das Quadrat, das den Zeilenanfang
markiert, springt an die gewünschte Stelle. Die Eingabe erfolgt
über die Tastatur. Der Befehl kann mit der Tastenfolge
<CTRL> <C> abgebrochen werden; der gesamte eingegebene
Text wird dann vom Bildschirm gelöscht.

<u>DTEXT</u>

        Startpunkt oder Ausrichten/Zentrieren/Einpassen/
        Mitte/Rechts/Stil:

DXBIN (DXBIN) +3 — *Dateibefehl*

Laden einer binären Zeichnungsaustauschdatei (.DXB) in eine
von AutoCAD erstellte Zeichnung. Diese Dateien besitzen ein
spezielles Format und sollten nur von erfahrenen Program-
mierern verwendet werden. Sie dienen hauptsächlich internen
Zwecken, z. B. für das Programm CAD/camera. Der Dateityp
.DXB darf nicht eingegeben werden, er wird automatisch
gesetzt.

<u>DXBIN</u>

        DXB Datei:

DXFIN (DXFIN) — *Dateibefehl*

Umwandeln einer Zeichnungsaustauschdatei (.DXF) in eine
AutoCAD-Zeichnung. Dieser Befehl kann nur in einer neuen
Zeichnung (Auswahl der Möglichkeit 1 aus dem Hauptmenü:
NEUE Zeichnung erstellen) verwendet werden, und zwar bevor

der Zeichenvorgang begonnen wird. Bei einer bereits erstellten Zeichnung werden lediglich die Kapitel ENTITIES der DXF-Datei geladen und die dort gefundenen Elemente der bestehenden Zeichnung hinzugefügt. Dabei erscheint die Meldung: "Keine neue Zeichnung -- nur Abschnitt ENTITIES wird eingegeben."

<u>DXFIN</u>
        Dateiname <aktuelle Zeichnungsdatei>:

DXFOUT (DXFOUT)   *Dateibefehl*

Erzeugen einer Zeichnungsaustauschdatei (.DXF) aus einer bestehenden AutoCAD-Zeichnung. Der Name der Datei entspricht dem der Zeichnung. Der Zusatz .DXF wird automatisch vergeben.

<u>DXFOUT</u>
        Dateiname <aktuelle Zeichnungsdatei>:
        Anzahl Dezimalstellen (0 bis 16) (oder Elemente)<6>:

Die Anzahl der Dezimalstellen gibt die Genauigkeit des Gleitkommawertes an. Bei der Auswahl von "E" (wie Elemente) erscheint zunächst die Frage:

        Objekte waehlen:

Nach der Auswahl der Objekte wird wieder nach der Anzahl der Dezimalstellen gefragt.

EDIT (EDIT)   *Datei-Befehl*

Ändern einer festgelegten Textdatei (wie MS-DOS-Befehl EDLIN EDIT).

EDITIEREN

Bei den meisten Editier- und Abfragebefehlen wird folgende Frage erscheinen: "Objekte waehlen:". Dabei kann auf Objekte gezeigt werden oder eine Reihe Objekte ausgewählt werden.

Folgende Möglichkeiten haben Sie:
(ein Punkt)   ein Objekt hinzufügen.
Mehrfach   Mehrfachobjekte hinzufügen.
Letztes   Letztes Objekt hinzufügen.

Vorher	Objekte des vorherigen Auswahlsatzes hinzufügen.
Fenster	Objekte, die völlig innerhalb des Fensters liegen, hinzufügen.
Kreuzen	Objekte, die völlig oder teilweise innerhalb des Fensters liegen, hinzufügen.
Box	Entspricht Kreuzen (2. Punkt links vom 1.) oder Fenster (2. Punkt rechts vom 1.).
Auto	Entspricht Box (wenn 1. Punkt kein Objekt trifft) oder Hinzufügen des getroffenen Objekts.
Einzeln	Auswahlsatz wird abgebrochen, wenn ein Objekt gewählt wurde.
Hinzufuegen	Folgende Objekte im Hinzufüge-Modus hinzufügen.
Entfernen	Folgende Objekte im Entfernen-Modus entfernen.
Zurueck	Zurück, letztes Objekt radieren.

Zur Beendigung des Auswahlsatzes wird die <RETURN>-Taste betätigt (außer bei der Wahl "Einzeln").

EINFUEGE (INSERT)   *Blockbefehl*

Einfügen einer extern abgelegten Zeichnung oder eines intern definierten Blocks in die Zeichnung.

<u>EINFUEGE</u>

    Blockname (oder ?) <Vorgabe>:
    Einfuegepunkt:
    X-Faktor <1>/Eckpunkt/XYZ:
    Y-Faktor <Vorgabe=X>:
    Drehwinkel <0>:

Die X-Y-Faktoren können auch so bestimmt werden, daß der Einfügepunkt als linke untere Ecke und der X-Faktor als rechte obere Ecke eines Rechtecks definiert werden.

Bei der Möglichkeit XYZ (für ADE-3) können alle drei Größenfaktoren festgelegt werden. Dann erscheint folgende Abfrage:

<u>EINFUEGE</u>

    Blockname (oder ?) <Vorgabe>:
    Einfuegepunkt:
    X-Faktor <1>/Eckpunkt/XYZ: XYZ
    X-Faktor <1>/Eckpunkt:
    Y-Faktor (Vorgabe=X):
    Z-Faktor (Vorgabe=X):
    Drehwinkel <0>:

Sind die einzelnen Faktoren und der Drehwinkel für den einzelnen ein-
zufügenden Block bereits vor dem Einfügen bekannt, so können diese
Angaben bei der Anfrage "Einfuegepunkt:" mit folgenden Möglichkeiten
vorgewählt werden:

Faktor   Gibt den Größenfaktor (z. B. Abstand zweier Punkte)
                vor (X-, Y- und Z-Achse werden gleich verändert).
Xfaktor   Wie Faktor. Nur Maßstab der X-Achse wird verändert.
Yfaktor   Wie Faktor. Nur Maßstab der Y-Achse wird verändert.
Zfaktor   Wie Faktor. Nur Maßstab der Z-Achse wird verändert.
Drehen   Eingabe des Drehwinkels.

Nach einer Eingabe dieser Möglichkeiten wird die Anfrage: "Einfuegepunkt:" wiederholt. Wird den genannten Optionen ein "V" vorangestellt,
dann dienen sie nur zur Steuerung der Blockanzeige am Bildschirm und
die Frage nach dem "Einfuegepunkt" wird wiederholt.

EINHEIT (UNIT) +1   *Anzeigebefehl*
Einstellen der Formate für die Maße der Koordinaten und Winkel.

EINHEIT

Zur Wahl der Formate für die Koordinaten stehen folgende Möglichkeiten
zur Verfügung (Beispiel 15.5 Zeichnungseinheiten):

1. Wissenschaftlich   1.55E+01
2. Dezimal   15.50
3. Engineering   1'-3.50''
4. Architectural   1'-31/2''
5. Bruch   15 1/2

(Die Maße für Engineering und Architectural sind immer in Fuß und Zoll
einzugeben).

Anschließend werden die Anzahl der Nachkommastellen oder der kleinste
Bruchteil eines Zoll bestimmt.

Als nächstes wird das Format für die Winkelmaße angezeigt:

1. Dezimal Grad   45.0000
2. Grad/Minuten/Sekunden   45d0'0''
3. Grad   50.0000g
4. Bogenmass   0.7854r
5. Feldmaß   N 45d0'0''E

18

Nach Auswahl der Möglichkeit und dem Festlegen der Nachkommastellen
werden die Möglichkeiten für die Winkelrichtung sichtbar:

Winkelrichtung 0:
Osten   3 Uhr = 0
Norden   12 Uhr = 90
Westen   9 Uhr = 180
Sueden   6 Uhr = 270

Die Winkelrichtung und der Drehsinn (standardmäßig ist positiv im
Gegenuhrzeigersinn) werden eingegeben.

ELLIPSE   (ELLIPSE) +3   *Zeichenbefehl*
Zeichnen einer Ellipse.

<u>ELLIPSE</u>
        <Skalaendpunkt 1>/Mittelpunkt:
        Skalaendpunkt 2:
        <Abstand der anderen Achse>/Drehung:

Wird bei der letzten Frage ein Wert für den Abstand eingegeben, dann
ist dies die halbe Länge der anderen Achse. Bei der Eingabe von "D"
wird die erste Achse als Hauptachse gewählt und es erscheint folgende
Frage:

Drehung um Hauptachse:

Dabei wird die Hauptachse als Durchmesser eines Kreises angesehen, der
in der dritten Dimension um den eingegebenen Winkel zwischen 0 und
89.4 Grad geneigt ist.

Wird auf die erste Frage: "<Skalaendpunkt 1>/Mittelpunkt:" ein "M"
eingegeben, dann muß für jede Achse ein Mittelpunkt und ein Endpunkt
eingegeben werden.

Im isometrischen Stil (s. FANG) kann zusätzlich ein Isokreis eingegeben werden. Folgende Eingaben werden erwartet:

<u>ELLIPSE</u>
        <Skalaendpunkt 1>/Mittelpunkt/Isokreis: <I>
        Kreismittelpunkt:
        <Kreisradius>/Durchmesser:

Der Kreismittelpunkt ist der Mittelpunkt des Originalkreises, der in
die isometrische Ebene projiziert wird. Kreisradius und Durchmesser
beziehen sich auf diesen Originalkreis.

ENDE (END) *Dateibefehl*

Die neue oder geänderte Zeichnung wird gespeichert, der Zeichnungseditor verlassen und das AutoCAD-Hauptmenü erscheint. Die gespeicherte Zeichnung erhält den Dateizusatz .DWG (eine frühere Zeichnung wird als Sicherkeitskopie mit dem Zusatz .BAK versehen).

ENDE

ENDESICH (ENDSAVE) *Dateibefehl*

Wie bei dem Befehl ENDE wird die Zeichnung gesichert und der Zeichnungseditor verlassen. Zusätzlich wird die Datei der Grafikvektoren für die Zeichnung gespeichert, so daß die Zeichnung beim Wiederaufrufen schneller aufgebaut werden kann. Gilt nicht mehr für AutoCAD 9.01.

ENDESICH

ERHEBUNG (ELEV) +3 *Zeichenbefehle*

Festlegung der Erhebung (Z-Koordinate) und der Objekthöhe (Abstand, auch negativer, von der Erhebung) für die zu zeichnenden Elemente.

ERHEBUNG
        Neue aktuelle Erhebung <aktuell>:
        Neue aktuelle Objekthoehe <aktuell>:

FACETTE (CHAMFER) +1 *Änderungsbefehl*

Abschrägen von zwei sich schneidenden Linien (oder von zwei zusammenliegenden Abschnitten einer Polylinie). Die jeweiligen Anfänge der Abschrägung können bestimmt werden. Schneiden sich die Linien nicht, werden sie bis zum Schnittpunkt verlängert.

FACETTE
        Polylinie/Abstaende/<Erste Linie waehlen>:

Folgende Möglichkeiten gibt es:

A   Abstände vom Schnittpunkt bis zur Abschrägung
             festlegen.
P   Gesamte Polylinie abschrägen.

FANG (SNAP)   *Zeichenhilfebefehl*

Angabe eines unsichtbaren Punktrasters. Der Fang-Modus
kann ein- und ausgeschaltet und der Fangwert verändert werden. Bei eingeschaltetem Fang-Modus springt der Cursor von
Punkt zu Punkt.

<u>FANG</u>

        Fangwert oder Ein/Aus/Aspekt/Drehen/Stil <aktuell>:

Es bieten sich folgende Möglichkeiten:

Fangwert   Bestimmen des Rasterabstandes.

Ein   Einschalten des Fang-Modus.

Aus   Ausschalten des Fang-Modus.

Aspekt   Unterschiedliche X- und Y-Abstände des Fangrasters.

Drehen   Drehen des Fangrasters um einen bestimmten Winkel
               und Setzen eines Basispunktes für das Raster.

Stil   Wahl eines Standard-Fangrasters (S) oder eines
               isometrischen Fangrasters (I).

FARBE (COLOR)   *Zeichenbefehl*

Zeichnen in verschiedenen Farben. Die Farben können einzelnen Elementen oder verschiedenen Ebenen (Layer) zugeordnet
werden. Bei Eingabe einer Nummer werden die folgenden
Elemente mit dieser Farbe gezeichnet, bis die Farbe wieder
geändert wird (unabhängig von der Ebene). Bei der Wahl einer
Ebene (Eingabe: "VONLAYER") wird in der dieser Ebene
zugeordneten Farbe gezeichnet. Wird "VONBLOCK" eingegeben, werden die Elemente zunächst schwarz auf weiß gezeichnet, bis sie zu einem Block zusammengefaßt werden. Wird der
Block eingefügt, dann hat er die ihm zugeordnete Farbe.

<u>FARBE</u>

        Neue Elementfarbe <aktuell>:

Eingabe einer Farbnummer von 1 bis 255. Standardmäßig sind folgende
Farben eingestellt:

1   rot

2   gelb

3   grün

4   cyan

5   blau

6   magenta

7   weiß

FILMROLL (FILMROLL) *Dateibefehl*

Erstellen einer Datei, die vom Schattierungsprogramm Auto-Shade weiterverarbeitet werden kann.

```
FILMROLL
        Dateiname der Filmrolle <Vorgabe>:
```

Als Dateiname wird der Zeichnungsnamen vorgeschlagen. Keine Eingabe eines Dateizusatzes, da .FLM automatisch vergeben wird.

FLAECHE (AREA) *Abfragebefehl*

Berechnet den Flächeninhalt und den Umfang einer begrenzten Fläche (Polygon,Kreis oder Polylinie). Der errechnete Wert kann von einem bereits bestehenden Wert hinzugezählt oder abgezogen werden. Ein Polygon muß durch Eingabe von mindestens drei Punkten bestimmt werden. AutoCAD nimmt an, daß das Polygon vom ersten bis zum letzten Punkt geschlossen werden soll. Die errechneten Werte der Variablen AREA (insgesamt berechnete Fläche) und PERIMETER (insgesamt berechneter Umfang) sind über den Befehl SETVAR oder über AutoLISP zugänglich.

```
FLAECHE
        <Erster Punkt>/Objekt/Addieren/Subtrahieren:
        Naechster Punkt:
        Naechster Punkt:
        Naechster Punkt: <RETURN>
Flaeche = n.nn, Umfang = nn.nn
```

Die einzelnen Möglichkeiten bedeuten:

ein Punkt	Einzelne Punkte werden eingegeben. Die Punktfolge wird mit <RETURN> beendet.
Objekt	Berechnung der Fläche eines Kreises oder einer Polylinie.
Addieren	Die neu errechnete Fläche wird zu dem bisherigen Wert für die Fläche hinzuaddiert.
Subtrahieren	Die neu errechnete Fläche wird zu dem bisherigen Wert für die Fläche hinzuaddiert.

FUELLEN (FILL)   *Anzeigebefehl*

Bänder oder Flächen können gefüllt (Ein) oder nur als Umriß-
linien gezeichnet werden (Aus).

<u>FUELLEN</u>

        Ein/Aus <aktuell>:

Ein   Füllen der Bänder oder Polylinien.
Aus   Nichtfüllen der Bänder und Polylinien.

'GRAPHBLD (GRAPHSCR)   *Anzeigebefehl*

Umschalten auf den Grafikbildschirm (Umschalten auf den
Text-Bildschirm, s. Befehl TEXTBLD).

<u>GRAPHBLD</u>

'HILFE oder ? (HELP)   *Dateibefehl*

Anzeigen von Hilfsinformationen über einzelne AutoCAD-
Befehle. Abbruch des Befehls durch <CTRL><C>.

<u>HILFE</u>

        Befehlsname (RETURN fuer Liste):

Es kann der Befehl, über den Informationen gewünscht werden eingegeben
werden. Beim Drücken der <RETURN>-Taste wird eine Liste der AutoCAD-
Befehle ausgegeben.

HOPPLA (OOPS)   *Löschbefehl*

Rückgängigmachen des letzten Löschvorgangs (letzter LOE-
SCHEN-Befehl) oder Zurückholen der Objekte, die bei der
Anwendung des Befehls BLOCK vom Bildschirm gelöscht
wurden. Die irrtümlich gelöschten Elemente werden in die
Zeichnung zurückgeholt. (Soll der Löschvorgang von weiter
zurückliegenden Objekten rückgängig gemacht werden, dann
müssen die Befehle Z und ZURUECK verwendet werden).

<u>HOPPLA</u>

ID (ID)   *Abfragebefehle*

Identifizieren, d. h. Bestimmen der Koordinaten eines
bestimmten Punktes der Zeichnung.

<u>ID</u>

        Punkt:

IGESIN (IGESIN) +3   *Dateibefehl*
Lesen einer IGES-Datenaustauschdatei im ASCII-Format.
Erzeugt daraus eine Zeichnung. Im AutoCAD-Hauptmenü
wird dazu die Option 1 (NEUE Zeichnung erstellen) aufgerufen und dann als erster Befehl IGESIN eingegeben.

<u>IGESIN</u>
       Dateiname <aktuell>:

IGESOUT (IGESOUT) +3   *Dateibefehl*
Erzeugen einer IGES-Datenaustauschdatei im ASCII-Format
aus einer bestehenden AutoCAD-Zeichnung.

<u>IGESOUT</u>
       Dateiname <aktuell>:

ISOEBENE (ISOPLANE) +2   *Zeichenbefehl*
Wahl der aktuellen isometrischen Ebene (links, oben, rechts).
Der Fang-Modus muß mit dem Befehl FANG auf isometrisch
gestellt worden sein.

<u>ISOEBENE</u>
          Links/Oben/Rechts/<Schalter>:

Links   Linke Isoebene (Ebene zwischen 150° und 90°.
Oben   Obere Isoebene (Ebene zwischen 30° und 150°).
Rechts   Rechte Isoebene (Ebene zwischen 30° und 90°).
RETURN   Schaltet zur nächsten Ebene in zyklischer Reihenfolge.

KOPIEREN (COPY)   *Änderungsbefehl*
Kopieren bestimmter Zeichnungselemente an einen anderen
Punkt, ohne das Original zu löschen.

<u>KOPIEREN</u>
          Objekte waehlen:
          <Basispunkt oder Verschiebung>/Mehrfach:
          Zweiter Punkt der Verschiebung:

Bei Mehrfachkopien wird "M" eingegeben. Es kann an verschiedene Punkte
kopiert werden, weshalb die Aufforderung: "Zweiter Punkt der Verschiebung:" solange erscheint, bis der Kopiervorgang durch Drücken der
<RETURN>-Taste beendet wird.

KPMODUS (BLIPMODE)   *Zeichenhilfebefehl*
Steuerung der Anzeige von Konstruktionspunkten (KP) als
temporäre Markierungen. Bei "Ein" werden die Konstruktionspunkte angezeigt, bei "Aus" nicht.

<u>KPMODUS</u>
          Ein/Aus   <aktuell>:

KREIS (CIRCLE)   *Zeichenbefehl*
Zeichnen eines Kreises durch Angabe eines Mittelpunktes und
eines Durchmessers (Radius) oder durch 3 bzw. 2 Punkte,
durch die ein Kreis gelegt wird.

<u>KREIS</u>
          3P/2P/TTR/<Mittelpunkt>:

3P   Eingabe dreier Kreispunkte.
2P   Eingabe zweier Punkte (Endpunkte des Durchmessers).
TTR   Eingabe zweier Tangenten und des Kreisradius (TTR).

          3P/2P/TTR/<Mittelpunkt>:
          Durchmesser/<Radius>:

LADEN (LOAD)   *Dateibefehl*
Laden einer benutzerdefinierten Symbol-Datei oder eines
Text-Zeichensatzes bei der Verwendung von SYMBOL-Befeh-
len. Als Dateityp wird automatisch .SHX (kompilierte Symbol-
Dateien) angenommen (Eingabe entfällt). Wird "?" eingegeben,
dann erscheinen alle zur Zeit vorhandenen Symbol-Dateien.

<u>LADEN</u>
          Name der zu ladenden Symboldatei (oder ?):

LAYER (LAYER)   *Zeichenbefehl*
Erzeugen von Zeichnungsebenen (Layer) und Zuordnen der
Farbe und des Linientyps.

<u>LAYER</u>
          ?/Mach/Setzen/Neu/Ein/Aus/Farbe/Ltyp/FRieren/Tauen:

?   Liste aller Ebenen (Layer) mit Namen, Status,
                   Farbnummer und Linientyp.
Mach   Ebene erzeugen und zur aktuellen Ebene machen.
Setzen   Aktuelle Ebene wählen.

Neu	Neue Ebene erstellen.
Ein	Einschalten einer Ebene.
Aus	Ausschalten einer Ebene.
Farbe	Zuweisen einer Farbnummer.
Ltyp	Zuweisen eines Linientyps.
FRieren	Ebene wird während einer Regenerierung nicht beachtet.
Tauen	Aktivieren einer eingefrorenen Ebene.

LIMITEN (LIMITS)   *Zeichenhilfebefehl*

Ändern der oberen und unteren Zeichnungsgrenzen während des Konstruierens. Ferner ein- und ausschalten der Überprüfung der Zeichnungsgrenzen.

LIMITEN

        Ein/Aus/<Linke untere Ecke> <aktuell>:

Ein	Einschalten der Überprüfung der Zeichnungsgrenzen.
Aus	Ausschalten der Überprüfung der Zeichnungsgrenzen.
Linke untere Ecke	Eingabe der linken unteren Grenze; daran anschließend wird die rechte obere Ecke eingegeben.

LINIE (LINE)   *Zeichenbefehl*

Zeichnen von geraden Linien beliebiger Länge.

LINIE

    Von Punkt:
    Nach Punkt:
    Nach Punkt:

Mit <RETURN> wird die Punkteingabe abgeschlossen. Soll ein Linienzug geschlossen werden, so wird bei der Frage "Nach Punkt" der Buchstabe "s" (wie schließen) eingegeben.

Die zuletzt gezeichnete Linie wird durch Eingabe von "Z" bei der Anfrage "Von Punkt:" oder "Nach Punkt:" gelöscht. Eine senkrechte Ausrichtung der Linien (waagrecht oder senkrecht) erfolgt durch den Befehl ORTHO.

LINIENTP (LINETYPE)   *Zeichenbefehl*

Definition eines Linientyps für neue Elemente, Laden des Linientyps aus einer Bibliotheks-Datei, Speichern eines Linientyps in eine Bibliotheks-Datei und Anzeigen aller Linientypen.

           ?/Erzeugen/Laden/Setzen:

?   Anzeigen aller aktuellen Linientypen.
Erzeugen   Erzeugen eines Linientyps und Speichern in
               Bibliotheks-Datei.
Laden   Laden eines Linientyps aus der Bibliotheks-Datei.
Setzen   Setzen des Linientyps für neue Elemente.

Mit der Antwort "VONLAYER" erhalten alle neuen Objekte auf dem entsprechenden Layer den zugeordneten Linientyp.

Mit der Antwort "VONBLOCK" werden neue Elemente mit dem Linientyp
"AUSGEZOGEN" gezeichnet, bis eine Blockdefinition erfolgt. Beim Einfügen des Blocks wird der Linientyp der Blockeinfügung übernommen.

LISTE (LIST)   *Abfragebefehl*

Anzeige von Daten (z. B. Koordinaten, Layernummer) ausgewählter Objekte.

LISTE

         Objekte waehlen:

Mit <CTRL> <C> wird die Liste abgebrochen, mit <CTRL> <S> eine Pause
eingelegt, mit <RETURN> weitergeführt und mit <CTRL> <Q> vor Eingabe
des Befehls LISTE kann die Liste an den Drucker übergeben werden.

LOESCHEN (ERASE)   *Löschbefehl*

Löschen ausgewählter Elemente der Zeichnung.

LOESCHEN

         Objekte waehlen:

Das zuletzt gezeichnete Objekt wird durch Eingabe von "L" gelöscht.

Mit dem Befehl HOPPLA wird der letzte Lösch-Befehl rückgängig gemacht.

LTFAKTOR (LTSCALE)   *Änderungsbefehl*

Festlegen eines Maßfaktors für alle Linientypen (Standard: 25).
Damit können die Liniengrößen der Zeichnungsgröße angepaßt
werden.

LTFAKTOR

         Neuer Faktor <aktuell>:

MACHDIA (MSLIDE) +2 *Anzeigebefehl*

Erstellen eines Momentbildes (Dia) des aktuellen Bildschirm-
ausschnitts und Sichern der Aufnahme in einer Dia-Datei
(Zusatz .SLD). Der Zusatz .SLD wird automatisch vergeben
und darf nicht eingegeben werden. Mit dem Befehl ZEIGDIA
kann das Dia wieder in den Bildschirm geholt werden. Ein Dia
kann nicht mehr verändert werden und nicht über den Plotter
ausgegeben werden.

```
MACHDIA

      Dia-Datei <aktueller Zeichnungsname>:
```

MEINFUEG (MINSERT) *Blockbefehl*

Mehrfaches Einfügen eines Blockes in rechteckiger (Anzahl
Zeilen und Spalten) oder aneinandergereihter Anordnung.
(Fragefolge ähnlich wie beim Befehl EINFUEG). Ein so ein-
gefügter Block kann nicht in seine Einzelteile zerlegt werden.
Für die Mehrfach-Einfügung sind zusätzlich folgende Anfra-
gen wichtig:

```
      Anzahl Reihen (...) <1>:
      Anzahl Kolonnen (   ) <1>:
```

```
Anzahl Reihen    Festlegen der Zeilenzahl (Reihenzahl).
Anzahl Kolonnen Festlegen der Spaltenzahl (Kolonnen).
```

MENUE (MENU) *Eingabebefehl*

Laden einer Menü-Datei aus bis zu sieben Menüs: dem Bild-
schirm-Menü, dem Knopf-Menü, einer außenstehenden Funk-
tions-Box und vier Tablett-Menüs.

```
MENUE

      Menuedateiname oder . fuer keine <aktuell>:
```

MESSEN (MEASURE) +3 *Zeichenbefehl*

Entlang eines Objektes werden Markierungen in einem
bestimmten Abstand gesetzt (z. B. sinnvoll als Fangpunkte).
Die Objekte Linie, Bogen, Kreis und Polylinie müssen mit
Zeigen gewählt werden. Anstelle der Markierungen können
auch Blöcke eingefügt werden (zweite Anfrage mit "B" beant-
worten). Die Markierungen werden auf dem Plotter nicht mit
ausgegeben.

        Objekt waehlen, das gemessen werden soll:
        <Segmentlaenge>/Block:

Segmentlaenge   Eingabe eines numerischen Wertes oder durch Zeigen
                zweier Punkte.
Block   Einfügen eines Blocks an den Trennstellen.

Nach Auswahl eines Blocks erscheinen folgende Fragen:

        Name des einzufuegenden Blocks:
        Soll der Block mit dem Objekt ausgerichtet werden? <J>:
        Segmentlaenge:

'NEUZEICH (REDRAW) *Anzeigebefehl*

Neuzeichnen der Zeichnung und löschen der Konstruktionspunkte. Abbruch mit <CTRL> <C>. (Ist der KPMODUS auf Aus
gestellt, werden keine Konstruktionspunkte gezeichnet).

NEUZEICH

NOCHMAL (MULTIPLE) *Zeichenhilfebefehl*

Wiederholung des nachfolgenden Befehles solange, bis mit
<CTRL> <C> abgebrochen wird. Nur der Befehlsname wird
wiederholt; die Festlegungen müssen immer wieder getroffen
werden.

NOCHMAL Kreis

Der Befehl Kreis wird solange wiederholt, bis mit <CTRL> <C> abgebrochen wird.

OEFFNUNG (APERTURE) +2 *Zeichenhilfebefehl*

Ändern der Größe des Fangfensters für den Objektfang.

OEFFNUNG

        Groesse des Objektfangfensters (1-50 Pixel) <10>:

OFANG (OSNAP) +2 *Zeichenhilfebefehl*

Der Objektfang erlaubt die Bestimmung von Koordinaten in
bezug auf bereits vorhandene Zeichnungselemente. Dabei sind

unterschiedliche Modi wählbar, die bei Mehrfachwahl durch
Kommata getrennt sein müssen.

<u>OFANG</u>

      Objektfang-Modi:

Folgende Objektfang-Modi stehen zur Verfügung:

ZENtrum	Zentrum eines Kreisbogen oder eines Kreises.
ENDpunkt	Sucht den nächsten Endpunkt einer Linie oder eines Bogens.
BASispunkt	Einfügepunkt eines Blocks, Textes, Symbols oder Attributs.
SCHnittpunkt	Schnittpunkt von Linien, Bögen und Kreisen. oder Ecke von Bändern, Flächen und Körpern.
MITtelpunkt	Mittelpunkt einer Linie oder eines Kreisbogens.
NAEchster	Nächster Punkt auf einer Linie, eines Bogens und eines Kreises.
PUNkt	Nächste Punkteinheit.
KEIner	Ausschalten des Objektfang-Modus.
LOT	Senkrecht (Lot) zu Linie, Bogen und Kreis.
QUAdrant	Quadrantenpunkt eines Bogens oder Kreises (0, 90, 180, 270).
QUIck	Schnellsuche. Das zuerst mit der gewünschten Festlegung gefundene Objekt wird gewählt.
TANgente	Punkt für Tangente an Kreis oder Bogen.

ORTHO   (ORTHO)   *Zeichenhilfebefehl*

Waagrechtes und senkrechtes Ausrichten von Linien und Bändern relativ zum Koordinatensystem (orthogonale Linien). Der ORTHO-Modus kann ein- und ausgeschaltet werden.

<u>ORTHO</u>

      Ein/Aus <aktuell>:

'PAN (PAN)   *Anzeigebefehl*

Verschieben eines Grafikfensters von einem Punkt zu einem anderen in jede Richtung. Dadurch können Zeichnungsdetails genauer angesehen werden.

<u>PAN</u>

      Verschiebung:
      Zweiter Punkt:

Wird bei der Frage "Zweiter Punkt:" die <RETURN>-Taste gedrückt, dann
liegt der Punkt mit den Koordinaten 0,0 auf dem ersten eingegebenen
Punkt. Bei der Eingabe eines Wertes für einen Punkt findet eine abso-
lute Verschiebung statt.

PAUSE (PAUSE)   *Dateibefehl*

Der nächste Befehl wird um eine gewisse Zeit (Anzahl Milli-
sekunden) verzögert.

PAUSE

        Verzögerungszeit in Millisekunden:

PEDIT (PEDIT) +3   *Änderungsbefehl*

Erlaubt das Editieren von Polylinien (Liniensegmente und
Kreisbögen).

PEDIT

        Polylinie waehlen:

        Schliessen/Verbinden/Breite/scheitel Editieren

        /kurve Angleichen/Kurvenlinie/kurve Loeschen/Zurueck/eXit

        <X>:

Schliessen   Verbindungslinie aktueller Punkt-Anfangspunkt.
                        Schließen einer Polylinie.
Verbinden   Teile zu einer Polylinie verbinden.
Breite   Festlegen einer neuen Breite der nachfolgenden
                        Polylinie.
scheitel Editieren   Scheitel verschieben oder neue einfügen.
kurve Angleichen   Kurve an die Polylinie anpassen.
Kurvenlinie   Kurve an die Polylinie anpassen.
kurve Loeschen   Entfernen zusätzlicher Scheitelpunkte, die
                        durch die Funktion "kurve Angleichen"
                        hinzugefügt wurden.
Zurueck   Rückkgängig machen der letzten Editierope-
                        ration.
eXit   Verlassen des Befehls PEDIT.

Für das Editieren von Scheitelpunkten "scheitel Editieren" wird der
erste Scheitelpunkt der Polylinie mit einem "X" markiert. Folgende
Möglichkeiten erscheinen:

        Naechster/Vorher/BRUch/Einfuegen/Schieben/Regen/Linie/
        Tangente/BREite/eXit <N>:

Naechster	X-Markierung wandert zum nächsten Scheitelpunkt.
Vorher	X-Markierung wandert zum voerherigen Scheitelpunkt.
BRUch	Speichert den markierten Scheitelpunkt. Die Markierung "X" kann an einen beliebigen anderen Scheitelpunkt gesetzt werden. Die dazwischenliegenden Segmente werden gelöscht.
Einfuegen	Einfügen eines neuen Scheitelpunktes.
Schieben	Verschieben des markierten Scheitelpunktes.
Regen	Regeneriert die Polylinie (zusammen mit dem Befehl BREite).
Linie	Aktuelle Markierung wird gespeichert. Das Zeichen "X" kann an eine andere Stelle gebracht werden. Bei "Los" wird zwischen diesen Markierungen eine Linie gezogen (die anderen Verbindungen werden gelöscht).
Tangente	Markiertem Scheitelpunkt kann eine Tangentenrichtung vorgegeben werden.
BREite	Festlegen der Breite für das Segment nach der Markierung.
eXit	Befehl verlassen.

PLINIE (PLINE) +3   *Zeichenbefehl*

Zeichnen von Polylinien, d.h. verbundene Linien- und Kreis-
bogensegmente wählbarer Breite und angebbarem Verjün-
gungsfaktor. Der Befehl PEDIT gestattet, die Polylinie zu editieren.

<u>PLINIE</u>

      Von Punkt:

      Aktuelle Linienbreite betraegt n.nn

      Kreisbogen/Schliessen/Halbbreite/Laenge/Zurueck/Breite/

      <Endpunkt der Linie>:

Kreisbogen	Umschalten in den Kreisbogen-Modus.
Schliessen	Schließen eines Polylinienzuges.
Halbbreite	Bestimmung der halben Gesamtbreite.
Laenge	Linie wird unter demselben Winkel als Linie mit der eingegebenen Länge fortgeführt.
Zurueck	Löscht das letzte Linien- oder Bogensegment.
Breite	Angabe der Breite des folgenden Segments.

Bei der Eingabe der Antwort "Kreisbogen" kann die Polylinie als Kreisbogen weitergezeichnet werden. Es erscheinen folgende Auswahl-
möglichkeiten:

      Winkel/Mittelpunkt/Schliessen/RIchtung/Halbbreite/Linie/

      RAdius/zweiter Pkt/Zurueck/Breite <Endpunkt des Bogens>:

Winkel	Festlegen des vom Bogen eingeschlossenen Winkels.
Mittelpunkt	Eingabe eines speziellen Mittelpunktes.
Schliessen	Schließen der Polylinie mit einem Kreisbogen.
RIchtung	Festlegen einer speziellen Richtung für das neue Bogensegment.
Halbbreite	Bestimmung der halben Gesamtbreite.
Linie	Umschalten in den Linien-Modus.
RAdius	Festlegen eines bestimmten Radius.
zweiter Pkt	Festlegen eines zweiten Punktes für einen 3-Punkte-Bogen.
Zurueck	Löschen des letzten Segmentes.
Breite	Angabe der Breite des folgenden Segments.

PLOT (PLOT)   *Ausgabebefehl*

Ausgabe der Zeichnung auf einen Plotter.

<u>PLOT</u>

        Plotten -- Sicht, Grenzen, Limiten, Ausschnitt oder
        Fenster <S>:

Sicht	Sichtbarer Bildschirmausschnitt wird geplottet.
Grenzen	Ausdruck aller Elemente der Zeichnung, wie sie im Status festgehalten sind.
Limiten	Gesamter, durch die Zeichnungsgrenzen (Limiten) festgelegter Zeichnungsbereich wird geplottet.
Ausschnitt	Plotten eines Ausschnittes (festgelegt durch den Befehl AUSSCHNT).
Fenster	Plotten eines Teils der Zeichnung, der in einem Fenster definiert wurde.

POLYGON (POLYGON) +3   *Zeichenbefehl*

Zeichnen von Polygonen mit bis zu 1024 wählbaren Seiten. Die Größe des Polygons kann mit einem Umkreis (Polygon außerhalb des Kreises), einem Inkreis (Polygon innerhalb des Kreises) oder durch Angabe einer Seitenlänge festgelegt werden.

<u>POLYGON</u>

        Anzahl Seiten:
        Seite/<Polygonmittelpunkt>:
        Inkreis/Umkreis (I/U):

I	Wahl eines Inkreises. Angabe des Radius.
U	Wahl eines Umkreises. Angabe des Radius.

Wird statt des Polygonmitelpunktes "s" für Seite eingegeben, dann müssen die Endpunkte der Seiten eingegeben werden:

<u>POLYGON</u>
```
        Anzahl Seiten.(Wert)
        Seite/<Polygonmittelpunkt>:(S)
        Erster Endpunkt der Seite:
        Zweiter Endpunkt der Seite:
```


PRPLOT (PRPLOT)   *Ausgabebefehl*
Ausgabe der Zeichnung über einen grafikfähigen Drucker (Printer Plotter). Abfragefolge wie beim Befehl PLOT.

PUNKT (POINT)   *Zeichenbefehl*
Zeichnen von Punkten (z. B. zum Objektfang). Die Darstellung der Punkte wird durch die Befehle PDMODE (Punktsymbole) und PDSIZE (Symbolgröße) gesteuert.

<u>PUNKT</u>
```
        Punkt:
```


QTEXT (QTEXT)   *Zeichenbefehl*
Bereits geschriebene Texte und Attribute können als leere Rechtecke auf dem Bildschirm dargestellt werden (Quicktext-Modus). Vorteil: schnellere Arbeitsgeschwindigkeit.

<u>QTEXT</u>
```
        Ein/Aus <aktuell>:
```

Ein   Einschalten des Quicktext-Modus.
Aus   Ausschalten des Quicktext-Modus.

QUIT (QUIT)   *Dateibefehl*
Verlassen des Zeichnungseditors und Rückkehr zum Auto-CAD-Hauptmenü. Alle Änderungen der aktuellen Zeichnungen werden nicht beachtet.

<u>QUIT</u>
```
        Wollen Sie wirklich alle Aenderungen in der Zeichnung
        verlieren?
```

Nur bei der Eingabe von "J" (Ja) verlassen Sie den Zeichnungseditor, sonst nicht.

RASTER (GRID)   *Zeichenhilfebefehl*

Unterlegen der Zeichnung mit einem Raster, dessen Punkte frei wählbar sind. Dient zur Erleichterung der Punktbestimmung in der Zeichnung.

RASTER

Rasterwert(X) oder Ein/Aus/Fang/Aspekt <10.00>:

Rasterwert(X)	Abstand der Rasterpunkte oder ein Vielfaches ("X"-faches) des Fangrasters (FANG).
Ein	Einschalten des Rasters.
Aus	Ausschalten des Rasters.
Fang	Festlegen des Rasterwertes auf den aktuellen Fangwert.
Aspekt	Unterschiedliche Abstände der Rasterpunkte in waagrechter und senkrechter Richtung.

REGEN (REGEN)   *Anzeigebefehl*

Die Zeichnung wird vollständig neu aufgebaut (regeneriert) und auf dem Bildschirm angezeigt.

REGEN

REGENAUTO (REGENAUTO)   *Anzeigebefehl*

Das automatische Regenerieren der Zeichnung bei einigen Befehlen (PAN, ZOOM, u.a.) wird ein- bzw. ausgeschaltet. Vorteil: Höhere Arbeitsgeschwindigkeit.

REGENAUTO

Ein/Aus <aktuell>:

Ein	Einschalten der automatischen Regenerierung.
Aus	Ausschalten der automatischen Regenerierung.

REIHE (ARRAY)   *Zeichenbefehl*

Kopieren von ausgewählten Objekten in rechteckiger oder kreisförmiger Anordnung. Bei der rechteckigen Form werden die Anzahl Reihen (Zeilen) und Kolonnen (Spalten) und der Abstand zwischen den Reihen und Kolonnen eingegeben. Bei einer kreisförmigen Anordnung muß der Mittelpunkt, die Anzahl der Objekte, der Winkelbereich und der Winkel zwischen den einzelnen Objekten festgelegt werden.

        Objekte waehlen:
        Rechteckige oder polare Anordnung (R/P):

'RESUME (RESUME)   *Dateibefehl*
Fortsetzung einer Befehlsdatei nach Abbruch mit <CTRL><C>
oder der <RÜCKTASTE>

RESUME

RING (DONUT,DOUGHNUT) +3   *Zeichenbefehl*
Zeichnet ausgefüllte Kreise und Ringe.

RING

        Innendurchmesser <aktuell>:
        Aussendurchmesser <aktuell>:
        Ringmittelpunkt:

Für einen Innendurchmesser von 0 ergeben sich gefüllte Kreise.

Bei jeder Eingabe für den Ringmittelpunkt wird ein Ring gezeichnet.
Wird <RETURN> gedrückt, dann wird der Befehl beendet.

Da ein Ring eine geschlossene Polylinie aus breiten Bogenelementen
darstellt, kann dieser mit dem Befehl PEDIT verändert werden. Der
FUELL-Modus ist ebenfalls anwendbar.

RSCRIPT (RSCRIPT)   *Dateibefehl*
Neustart einer Befehlsdatei (Script-Datei). Damit können
Befehlsfolgen immer wieder aufgerufen werden (z. B. für
Dauerdemonstrationen).

RSCRIPT

SCHIEBEN (MOVE)   *Änderungsbefehl*
Verschieben von Zeichnungselementen an eine andere Stelle,
die durch einen Verschiebungsvektor bestimmt wird.

SCHIEBEN

        Objekte waehlen:
        Basispunkt oder Verschiebung:
        Zweiter Punkt der Verschiebung:

SCHRAFF (HATCH) +1   *Anzeigebefehl*

Schraffieren von Flächen oder Füllen mit Mustern. Die Standardmuster stehen in der Datei "acad.pat" oder einer benutzerdefinierten Datei mit dem Zusatz .PAT.

SCHRAFF
        Muster (? oder Name/B,Stil):
ACHTUNG: Diese Bildschirmanzeige ist _falsch!_ Sie muß richtigerweise
lauten:

        Muster (? oder Name/Stil,B):

?   Liste aller Standardmuster.
Name   Festlegen des Schraffurnamens.
Stil   Festlegen des Stils.
B   Mit "B" können vom Benutzer Muster definiert werden.

Bei benutzerdefinierten Schraffuren müssen folgende Festlegungen
getroffen werden:

        Winkel fuer Doppelschraffurlinien <0>:
        Abstand zwischen den Linien <1.0000>:
        Doppelschraffurbereich? <N>

Folgende Stil-Abkürzungen sind festgelegt:

N   Normal <Vorgabe)
A   Nur äußerste Fläche schraffieren
I   Ignorieren eingeschlossener Strukturen

SCRIPT (SCRIPT)   *Dateibefehl*

Aufrufen und Ausführen einer Befehlsdatei (Scriptdatei) im Zeichenmodus. Der Dateizusatz .SCR darf beim Aufruf der Befehlsdatei nicht mit eingegeben werden, er wird automatisch angenommen. Um die Befehlsfolge zu wiederholen, kann der Befehl RSCRIPT eingebaut werden. Beim Abbruch der Befehlsfolge kann mit dem Befehl RESUME wieder weitergegangen werden.

SCRIPT
        Scriptdatei <aktueller Zeichnungsname>:

Die Befehlsfolge wird unterbrochen, wenn das Ende der Datei erreicht,
eine Taste gedrückt wird oder ein Fehler auftritt. Beim Abbruch durch
Tastendruck oder nach einem Fehler kann die Datei mit dem Befehl
RESUME fortgesetzt werden.

'SETVAR (SETVAR) *Änderungsbefehl*
Setzen, Anzeigen und Ändern von Systemvariablen, wie Modi,
Größenfaktoren und Zeichnungsgrenzen (Limiten). Die
Systemvariablen (s. Abschnitt 4.3 im Anhang) können mit
AutoLISP weiterverarbeitet werden.

<u>SETVAR</u>
        Variablenname oder ?:

Wird ein "?" eingegeben, dann erscheinen alle Systemvariablen mit
ihren aktuellen Einstellungen. Systemvariable, die mit SETVAR nicht
verändert werden können, tragen den Zusatz (nur lesen).

Wird eine veränderbare Systemvariable eingegeben, dann erscheint die
Aufforderung zur Neueingabe eines Wertes:

        Neuer Wert fuer (Variablenname) <aktuell>:

Wird <RETURN> oder <CTRL> <C> eingegeben, dann bleibt der Variablen-
wert unverändert.

SH (SH) +3 *Dateibefehl*
Zugriff auf Befehle von MS-DOS und PC-DOS. Nähere Aus-
führungen, siehe Befehl SHELL.

SHELL (SHELL) +3 *DOS-Befehl*
Zugriff auf Befehle von Betriebssystemen (z. B. MS-DOS),
ohne AutoCAD zu verlassen. Mit EXIT wird das Betriebs-
system wieder verlassen und zu AutoCAD zurückgekehrt.

<u>SHELL</u>
        DOS-Befehl:

Durch Eingabe von EXIT wird wieder ins AutoCAD-Programm gewechselt.

SICHERN (SAVE) *Dateibefehl*
Sichern der Zeichnung auf Platte oder Diskette, ohne den
Zeichnungseditor zu verlassen. Der Zeichnungsname wird als
Ausgabedatei vorgegeben; der Zusatz .DWG wird automatisch
vergeben, er darf deshalb nicht mit angegeben werden.

<u>SICHERN</u>
        Dateiname <Vorgabe>:

SKALA (AXIS) +1 *Zeichenhilfebefehl*

Anzeige einer Hilfsskala mit wählbarer Einteilung am Zeichnungsrand (unterer und rechter Bildschirmrand). Vergleichbar mit dem Befehl RASTER. Die Skala kann auch über den Befehl SETVAR oder über AutoLISP beeinflußt werden.

SKALA

        Skala-Abstand(X) oder Ein/Aus/Fang/Aspekt <Vorgabe>:

Skala-Abstand	Bei reiner Zahleneingabe in Zeichnungseinheiten. Bei nachfolgendem X ist der Skalenabstand ein Mehrfaches der Fangauflösung.
Ein	Skala ist eingeschaltet.
Aus	Skala ist ausgeschaltet.
Fang	Skalamarkierung = Fangauflösung.
Aspekt	Waagrechte und senkrechte Skala ist unterschiedlich markiert.

SKIZZE (SKETCH) +1 *Zeichenbefehl*

Eingabe von Freihandzeichnungen. Erforderlich ist ein Digitalisierbrett oder eine Maus. Die Eingabe erfolgt nicht über AutoCAD-Befehle sondern beim Bewegen des Digitalisiergerätes werden die Bewegungen automatisch mitgezeichnet. Die einzelnen Zeichnungselemente sind Linienstücke, deren Länge festgelegt werden. Je kürzer die Linien, desto genauer ist zwar die Skizze, aber umso mehr Linienstücke müssen erzeugt werden (Speicherplatzproblem). Es ist sinnvoll, nur mit dem Linientyp AUSGEZOGEN zu skizzieren.

SKIZZE

        Skizziergenauigkeit <1.00>:
        Skizze. Feder eXit Quit Speichern Loeschen Verbinden .

Feder	Feder heben (nicht zeichnen) und senken (zeichnen).
eXit	Linien speichern und Skizze beenden.
Quit	Linien nicht speichern und Skizze beenden.
Speichern	Linien speichern.
Loeschen	Löschen der Linien von einem Punkt bis zum Ende.
Verbinden	Ansetzen des Linienzuges am Ende. Linie vom Endpunkt bis zur aktuellen Position des Zeigegerätes.

SOLID (SOLID)   *Zeichenbefehl*

Zeichnen von ausgefüllten Polygonen, bestehend aus dreiseiti-
gen und vierseitigen Flächen (s. auch Befehl 3DFLAECH).

```
SOLID
        Erster Punkt:
        Zweiter Punkt:
        Dritter Punkt:
        Vierter Punkt:<RETURN> für Dreieck
        Dritter Punkt: <RETURN> zum Beenden
```

Bild 1 zeigt die Anordnung der Punkte.

Bild 1 Punktanordnung bei SOLID

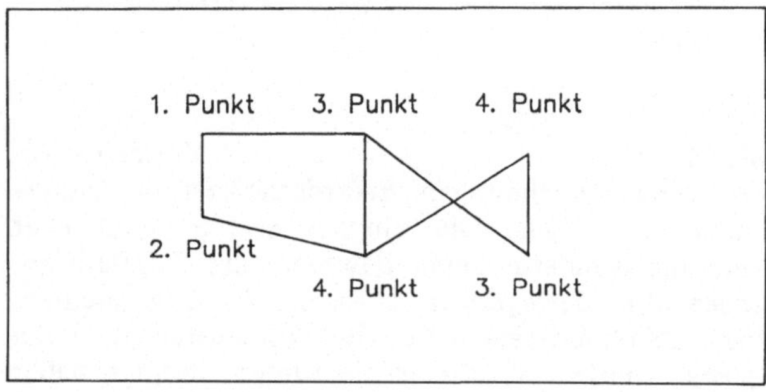

SPIEGELN (MIRROR) +2   *Änderungsbefehl*

Spiegeln von Elementen an einer gewählten Spiegelachse (Eingabe durch zwei Punkte). Die Ausgangselemente können
gelöscht werden oder nicht. Soll der Text in lesbarer Form
erhalten bleiben, dann wird die Systemvariable MIRRTEXT
über den Befehl SETVAR oder in AutoLISP entsprechend eingestellt.

```
SPIEGELN
        Objekte waehlen:
        Erster Punkt der Spiegelachse:
        Zweiter Punkt:
        Alte Objekte loeschen? <N>:
```

STATUS (STATUS) *Abfragebefehl*

Anzeige aller wichtigen Zeichnungseinstellungen, wie Zahl der Zeichnungselemente, Zeichnungsgrenzen, Fangwert, Rasterwert, Layer, Farbe, Linientyp, Erhebung oder Einstellungen, wie Skala, Füllen, Ortho,Fang, Tablett und hardwarespezifischer Größen, wie freier Speicherplatz.

Im Bemaßungs-Modus werden die eingestellten Bemaßungsparameter angezeigt.

STATUS

STIL (STYLE) *Zeichenbefehl*

Erstellen und Ändern von Textstilen. Zum Zeichnen mit einem bestimmten Textstil wird im Befehl TEXT die Möglichkeit "S" gewählt.

STIL

```
Name des Textstils (oder ?): <STANDARD>:(Name)

Zeichensatzdatei <Vorgabe>:

Hoehe <Vorgabe>:

Breitenfaktor <Vorgabe>:

Neigungswinkel <Vorgabe>:

Rueckwaerts? <N>

Auf dem Kopf? <N>

Vertikal? <N>

(Name) ist jetzt aktueller Textstil.
```


STRECKEN (STRETCH) +3 *Änderungsbefehl*

Verschiebung eines Teils der Zeichnung unter Beibehaltung der Verbindung zu anderen Elementen. Der Befehl kann auf Elemente angewandt werden, die mit Linien, Bögen, Polylinien, Bändern, Flächen sowie 3D-Linien und 3D-Flächen verbunden sind. Zum Festlegen der Elemente wird zweckmäßigerweise die Möglichkeit "Kreuzen" verwendet und ein Fenster definiert. Elemente, die von diesem Fenster ganz erfaßt werden, werden verschoben, wie beim Befehl SCHIEBEN. Linienendpunkte innerhalb des Fensters werden verschoben, außerhalb liegende bleiben gleich.

STRECKEN

```
Objekte, die gestreckt werden sollen, mit Fenster waehlen...
Objekte waehlen:
```

Nach der Auswahl wird folgendes gefragt:

        Basispunkt:
        Neuer Punkt:

Bild 2 zeigt ein Beispiel für STRECKEN.

Bild 2 Beispiel für den Befehl STRECKEN

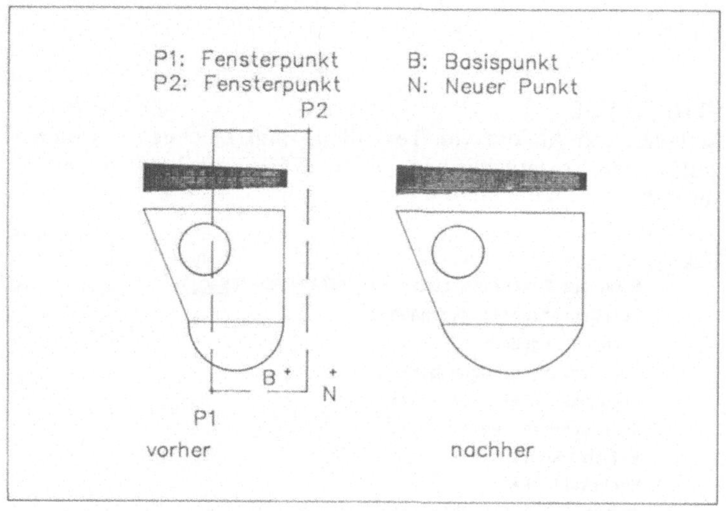

STUTZEN (TRIM) +3   *Änderungsbefehl*

Löschen von Teilen, die über eine gewählte Schnittkante rei-
chen.

STUTZEN

        Schnittkante(n) waehlen...
        Objekte waehlen:

Alle gewählten Schnittkanten bleiben für die Dauer des Befehls STUTZEN
ausgeleuchtet. Sind alle Schnittkanten bestimmt, dann erscheint die
Frage:

        Objekt waehlen, das gestutzt werden soll:

Das zu stutzende Objekt wird durch Antippen an der zu löschenden Seite
ausgewählt. <RETURN> schließt die Auswahl ab.

SYMBOL (SHAPE)   *Zeichenbefehl*

Definierte Zeichen (Symbole), die von einer Symboldatei geladen wurden, werden in die Zeichnung eingefügt.

<u>SYMBOL</u>

        Symbolname (oder ?) <Vorgabe>:
        Startpunkt:
        Hoehe <1.00>:
        Drehwinkel <0>:

Wird beim Symbolnamen ein "?" eingegeben, dann werden alle in der
Zeichnung zur Verfügung stehenden Symbole angezeigt.

TABLETT (TABLET)   *Eingabebefehl*

Übernahme einer Papierzeichnung über ein Digitalisierbrett in
AutoCAD. Aufteilen des Digitalisiertabletts in verschiedene
Menüzonen.

<u>TABLETT</u>

        Option (Ein/Aus/KAl/KFg):

Ein   Tablettmodus einschalten.
Aus   Tablettmodus ausschalten.
KAl   Kalibrieren des Tabletts das Kopieren einer
             Papierzeichnung auf den Bildschirm.
KFg   Konfigurieren der Tablettmenüs und der Bildschirmzone.

TEILEN (DIVIDE) +3   *Zeichenbefehl*

Ein Objekt wird in eine eine Anzahl gleich großer Teile
geteilt, wobei die Trennstellen markiert werden. Die Teilung
findet nur rein rechnerisch statt. Am Bildschirm ist, außer der
Markierung, nichts erkennbar. An den markierten Teilpunkten
können Blöcke eingefügt werden.

<u>TEILEN</u>

        Objekt waehlen, das geteilt werden soll:
        <Anzahl Segmente>/Block:

Mit Zeigen können Linie, Bogen, Kreis und Polylinie gewählt werden.
Bei der Anzahl Segmente kann eine Zahl zwischen 2 und 32767 angegeben
werden. Sollen Blöcke eingefügt werden (Eingabe von "B"), dann
erscheinen folgende Fragen:

        Name des einzufuegenden Blocks:
        Soll der Block mit dem Objekt ausgerichtet werden <J>?
        Anzahl Segmente?

TEXT (TEXT)   *Zeichenbefehl*

Zeichnen von Text (alphanumerische Zeichen) in verschiedenen Zeichensätzen, Textstilen, in der gewünschten Größe
und Richtung.

TEXT

        Startpunkt oder Ausrichten/Zentrieren/Einpassen/Mitte/
        Rechts/Stil:

Startpunkt	Text linksbündig vom Startpunkt.
Ausrichten	Ausrichten zwischen zwei Endpunkten (Höhe wird angepaßt).
Zentrieren	Ausmitteln des Textes vom Zentrierungspunkt aus.
Einpassen	Genaues Einpassen zwischen zwei Punkte (Höhe wird nicht angepaßt).
Mitte	Wie Zentrieren, doch auch Ausmitteln in senkrechter Richtung.
Rechts	Festlegen eines rechten Endpunktes einer Linie.
Stil	Festlegen eines Textstils.

Bei einer Leerantwort wird gleich die Texteingabe mit der Frage
"Text:" erwartet, der dann unter den zuletzt erzeugten Text gezeichnet
wird.

'TEXTBLD (TEXTSCR)   *Anzeigebefehl*

Umschalten in den Textbildschirm.

TEXTBLD

TYPE (TYPE)   *DOS-Befehl*

Anzeige des Inhalts einer Datei. Eine Laufwerksbezeichnung
und ein Dateinamen kann eingegeben werden.

TYPE b:\acad\hawa.txt

Anzeige des Inhalts der Datei hawa.txt, die sich auf dem Laufwerk B im
Verzeichnis acad befindet.

UMBENENN (RENAME)   *Dateibefehl*

Ändern der Namen von Blöcken, Layern, Linientypen, Textstilen und Ausschnitten.

```
        Block,LAyer/LTyp/Textstil/Ausschnitt:
        Alter (Auswahl) Name:
        Neuer (Auswahl) Name:
```

URSPRUNG (EXPLODE)   *Änderungsbefehl*

Zerlegen eines Blocks, einer Polylinie und eines Bemaßungs-objektes in seine ursprünglichen Teile. Für den Block und das Bemaßungsobjekt ändert sich das Bild auf dem Bildschirm nicht. Bei der Polylinie werden die Tangenten- und Breiteninformationen gelöscht; die resultierenden Linien und Bögen folgen dann dem Verlauf der Mittellinie. Bei der Blockzerlegung werden die Attribute gelöscht, nicht aber die Attributdefinitionen. Diese erscheinen auf dem Bildschirm.

URSPRUNG

```
        Blockrefernz, Polylinie oder Bemassung waehlen:
```

VARIA (SCALE) +3   *Änderungsbefehl*

Änderung der Größe von Objekten (ähnlich dem Befehl DREHEN). Der gewählte Größenfaktor gilt für die X- und Y-Achsen in gleicher Weise, so daß Kreise nicht in Ellipsen um-gewandelt werden können.

VARIA

```
        Objekte waehlen:
        Basispunkt:
        <Groessenfaktor>/Bezug:
```

```
Groessenfaktor  Faktor, mit dem alle Abmessungen multipliziert
                werden. Faktoren zwischen 0 und 1 bewirken eine
                Verkleinerung, Faktoren größer als 1
                eine Vergrößerung.
Bezug           Eingabe einer Bezugslänge und einer neuen Länge.
                Der Faktor wird automatisch berechnet.
```

VERDECKT (HIDE) +3   *Anzeigebefehl*

Entfernen der verdeckten Linien bei einer 3D-Zeichnung.

VERDECKT

```
        Regeneriere Zeichnung.
```

Es folgen keine Anfragen; die Zeichnung wird neu aufgebaut. Dieser Regenerierungslauf kann unterschiedlich lange dauern.

VERSETZ (OFFSET) +3   *Zeichenbefehl*

Erzeugen von parallelen Linien und versetzten Kurven (der gleiche Kurvenverlauf in verschiedenem Abstand). Bei breiten Polylinien muß der Abstand von der Mittellinie aus angegeben werden.

<u>VERSETZ</u>
            Abstand oder durch Punkt <letztes>:

Der Abstand kann als Zahlenwert eingegeben, durch Antippen zweier Punkte gezeigt oder "durch Punkt" angedeutet werden, daß das parallele Objekt durch einen noch festzulegenden Punkt geht.

            Objekt waehlen, das versetzt werden soll:
            Seite, auf die versetzt werden soll:

Der Abstand wird berechnet und das parallele Element gezeichnet. Der Befehl wird mit <RETURN> beendet.

WAHL (SELECT)   *Änderungsbefehl*

Zusammenstellung eines Auswahlsatzes, bestehend aus verschiedenen Objekten, zur weiteren gemeinsamen Bearbeitung (s. EDITIEREN).

<u>WAHL</u>
            Objekte waehlen:

WBLOCK (WBLOCK)   *Blockbefehl*

Die ganze Zeichnung oder Teile daraus werden als Datei auf eine Diskette oder Platte geschrieben. Diese Zeichnungsdatei kann als Block wieder in eine andere Zeichnung eingefügt werden.

<u>WBLOCK</u>
            Dateiname:
            Blockname:

Zu "Blockname:" sind folgende Eingaben möglich:

Dateiname	Unter diesem Namen wird gespeichert.
=	Blockname ist Dateiname, unter dem gespeichert wird.
*	Speichern der ganzen Zeichnung (außer nicht benutzte Blockdefinitionen).

(leer)   Auswahl einzelner Objekte, die gespeichert werden.
                Der Einfügepunkt wird verlangt. Die gespeicherten
                Objekte werden aus der Zeichnung gelöscht
                (Wiedereinfügen durch den Befehl HOPPLA).

Z (Z)   *Löschbefehl*

Letzter Befehl wird rückgängig gemacht. Der betreffende Befehlsnamen wird angezeigt. Wird der Befehl nacheinander angewandt, kann schrittweise bis zum Anfang zurückgegangen werden.

<u>Z</u>

        <Anzeige des letzten Befehls>

ZEIGDIA (VSLIDE) +2   *Anzeigebefehl*

Zeigen eines Dias auf dem Bildschirm. Die Dias sind mit dem Befehl MACHDIA erstellt worden. Dem Dateinamen darf kein Zusatz hinzugefügt werden, da automatisch der Dateityp .SLD angenommen wird. Mit dem Befehl NEUZEICH wird zur aktuellen Zeichnung zurückgekehrt.

<u>ZEIGDIA</u>

        Dia-Datei<aktueller Zeichnungsname>:

Wird vor den Dateinamen die Markierung "*" gesetzt, dann wird dieses Dia bereits in den Speicher geladen und steht als nächstes Dia zur Verfügung.

ZEIT (TIME)   *Abfragebefehl*

Anzeigen der aktuellen Zeit, wann die Zeichnung begonnen und wann sie zum letztenmal bearbeitet wurde. Ferner kann eine Stoppuhr eingeschaltet werden. Die Zeit muß im Rechner genau eingestellt sein.

<u>ZEIT</u>

Anzeige folgender Zeitwerte:

        Aktuelle Zeit:
        Zeichnung erzeugt:
        Zeichnung zuletzt nachgefuehrt:
        Zeit im Zeichnungseditor:
        Abgelaufene Stoppuhr:
        Stoppuhr ein.

Darstellung/Ein/Aus/Zurueckstellen:

Darstellung   Daten werden in nachgeführter Form gezeigt.
Ein   Einschalten der Benutzerstoppuhr.
Aus   Ausschalten der Benutzerstoppuhr.
Zurueckstellen   Zurückstellen der Stoppuhr auf 0.

ZLOESCH (REDO)   *Löschbefehl*

Die mit Z oder ZURUECK rückgängig gemachten Befehle werden wiederholt.

ZLOESCH

'ZOOM (ZOOM)   *Anzeigebefehl*

Vergrößern oder Verkleinern von Zeichnungs-Ausschnitten.

ZOOM

Alles/Mitte/Dynamisch/Grenzen/Links/Vorher/Fenster/
<Faktor(X)>:

Alles   Gesamte Zeichnung erscheint auf dem Bildschirm.
Grenzen sind die Limiten.
Mitte   Mittelpunkt und Höhe festlegen.
Dynamisch   Ein Ansichtsfenster wird auf der Zeichnung verschoben.
Am gewünschten Ort kann es vergrößert oder verkleinert werden.
Grenzen   Alle gezeichneten Elemente werden in maximaler Größe gezeigt.
Links   Linke untere Ecke und Höhe festlegen.
Vorher   Vorherigen Ausschnitt anzeigen.
Fenster   Bestimmen eines Fensters, in das gezeichnet wird.
Faktor(X)   Vergrößerungsfaktor eingeben.

ZUG (DRAG) +2   *Zeichenhilfebefehl*

Siehe Befehl ZUGMODUS.

ZUGMODUS (DRAGMODE) +2   *Zeichenhilfebefehl*

Sichtbares Nachziehen von Kreisen, Bögen, Polylinien und Symbolen in eine gewünschte Position.

        Aus/Ein/AUTo <aktuell>:

Aus   Ausschalten des Zug-Modus.
Ein   Einschalten des Zug-Modus.
AUTo   Automatischen Einschalten des Zug-Modus für alle
               Befehle, die dies erlauben.

ZURUECK (UNDO)   *Löschbefehl*

Eine Befehlsfolge kann rückgängig gemacht werden. Ferner
kann eine Stelle markiert werden, an die wieder zurückgekehrt
werden kann. Der Befehl ZURUECK kann ebenfalls gesteuert
werden.

ZURUECK
        Auto/Rueck/Steuern/Ende/Gruppe/Markierung/<Zahl>:

Auto   Einschalten bewirkt, daß Menüoperationen in einem
               Schritt mit dem Befehl Z rückgängig gemacht werden.
Rueck   Rückkehr an die zuletzt markierte Stelle.
Steuern   Einschränken der Funktion ZURUECK.
Ende   Endemarkierung der Gruppe.
Gruppe   Zusammenfassung von rückgängig zu machenden Befehlen
               zu einer Gruppe.
Markierung   Markierung einer bestimmten Befehlsstelle bei der
               Operation ZURUECK, damit an diese Stelle zurückgekehrt
               werden kann.

Für die Auswahl Steuern gibt es noch folgende Wahlmöglichkeiten:

Ganz   Funktion ZURUECK wird ganz eingeschaltet.
Nichts   Ausschalten der Befehle Z und ZURUECK.
Eine   Einschränken des Befehls ZURUECK auf eine einzige
               Operation.

3DFLAECH (3DFACE) +3   *Zeichenbefehl*

Zeichnen gefüllter Flächen, bestehend aus Dreiecken und
Vierecken in der Ebene und im Raum (ähnlich dem Befehl
SOLID). Raumpunkte werden eingegeben (X-, Y- und Z-
Koordinate). Eingabe der Punkte immer im Gegenuhrzeiger-
sinn oder im Uhrzeigersinn (sonst verdrehte Figuren).

  Erster Punkt:
  Zweiter Punkt:
  Dritter Punkt:
  Vierter Punkt:<RETURN> zum Abschluß von Dreiecken.
  Dritter Punkt:<RETURN> zum Abschluß von 3D-Flächen.

Bild 3 zeigt die Anordnung der Punkte bei 3DFLAECH

Bild 3 Punktanordnung beim Befehl 3DFLAECH

3D-Flächen sind nicht ausgefüllt. Ebene Figuren sind für den Befehl
VERDECKT undurchsichtig.

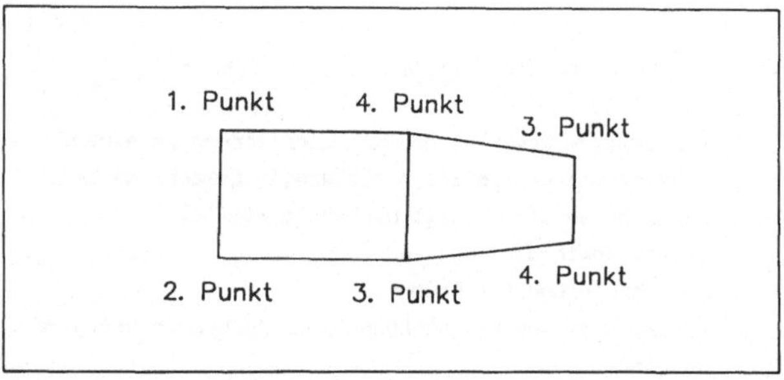

3DLINIE (3DLINE) +3   *Zeichenbefehl*

3D-Linien werden gezeichnet. Mit "Z" wird die letzte Linie
gelöscht. Um ein geschlossenes Polygon zu zeichnen, wird als
letzter Punkt "S" (wie schließen) eingegeben. Der Befehl
ORTHO zeichnet orthogonale Linien (in der X-Y-Ebene).

3DLINIE

  Von Punkt:
  Nach Punkt:
  Nach Punkt:
  Nach Punkt:

Die Eingabe wird mit <RETURN> beendet.

3 Anhang

3.1 Befehle nach Anwendungsgebieten

Abfragebefehl

ABSTAND
DBLISTE
FLAECHE
ID
LISTE
STATUS
ZEIT

Änderungsbefehl

ABRUNDEN
AENDERN
BRUCH
DEHNEN
DREHEN
FACETTE
KOPIEREN
LTFAKTOR
PEDIT
SCHIEBEN
'SETVAR
SPIEGELN
STRECKEN
STUTZEN
URSPRUNG
VARIA
WAHL

Anzeigebefehl

APUNKT
AUFLOES
'AUSSCHNT
EINHEIT
FUELLEN
'GRAPHBLD
MACHDIA
'NEUZEICH
'PAN

QTEXT
REGEN
REGENAUTO
SCHRAFF
'TEXTBLD
VERDECKT
ZEIGDIA
'ZOOM

Ausgabebefehl

PLOT
PRPLOT

Bemaßungsbefehl

BEM
BEM1

Blockbefehl

ATTDEF
ATTEDIT
ATTEXT
ATTZEIG
BASIS
BLOCK
EINFUEGE
MEINFUEG
WBLOCK

Dateibefehl

BEREINIG
CATALOG
DATEIEN
DXBIN
DXFIN
DXFOUT

EDIT
ENDE
ENDESICH
FILMROLL
'HILFE
IGESIN
IGESOUT
LADEN
PAUSE
QUIT
'RESUME
RSCRIPT
SCRIPT
SH
SICHERN
UMBENENN
?

Dialogsteuerbefehl

DDATTE
'DDOMODI
'DDLMODI
'DDRMODI

DOS-Befehl

DEL
DIR
SHELL
TYPE

Eingabebefehl

MENUE
TABLETT

Löschbefehl

BFLOESCH
BFRUECK
HOPPLA
LOESCHEN
Z

ZLOESCH
ZURUECK

Zeichenbefehl

BAND
BOGEN
DTEXT
ELLIPSE
ERHEBUNG
FARBE
ISOEBENE
KREIS
LAYER
LINIE
LINIENTP
MESSEN
PLINIE
POLYGON
PUNKT
REIHE
RING
SKIZZE
SOLID
STIL
SYMBOL
TEILEN
TEXT
VERSETZ
3DFLAECH
3DLINIE

Zeichenhilfebefehl

FANG
KPMODUS
LIMITEN
NOCHMAL
OEFFNUNG
OFANG
ORTHO
RASTER
SKALA
ZUG
ZUGMODUS

3.2 Übersetzung der Befehle

3.2.1 Deutsch-Englisch

ABRUNDEN	FILLET	FLAECHE	AREA
ABSTAND	DIST	FUELLEN	FILL
AENDERN	CHANGE		
APUNKT	VPOINT	GRAPHBLD	GRAPHSCR
ATTDEF	ATTDEF		
ATTEDIT	ATTEDIT	HILFE	HELP
ATTEXT	ATTEXT	HOPPLA	OPPS
ATTZEIG	ATTDISP		
AUFLOES	VIEWRES	ID	ID
AUSSCHNT	VIEW	IGESIN	IGESIN
		IGESOUT	IGESOUT
BAND	TRACE	ISOEBENE	ISOPLANE
BASIS	BASE		
BEM	DIM	KOPIEREN	COPY
BEREINIG	PURGE	KPMODUS	BLIPMODE
BFLOESCH	REDEFINE	KREIS	CIRCLE
BFRUECK	UNDEFINE		
BLOCK	BLOCK	LADEN	LOAD
BOGEN	ARC	LAYER	LAYER
BRUCH	BREAK	LIMITEN	LIMITS
		LINIE	LINE
CATALOG	CATALOG	LINIENTYP	LINETYPE
		LISTE	LIST
DATEIEN	FILES	LOESCHEN	ERASE
DBLISTE	DBLIST	LTFAKTOR	LTSCALE
DDATTE	DDATTE		
DDLMODI	DDLMODES	MACHDIA	MSLIDE
DDOMODI	DDEMODES	MEINFUEG	MINSERT
DDRMODI	DDRMODES	MENUE	MENU
DEL	DEL	MESSEN	MEASURE
DEHNEN	EXTEND		
DIR	DIR	NEUZEICH	REDRAW
DREHEN	ROTATE	NOCHMAL	MULTIPLE
DXBIN	DXBIN		
DXFIN	DXFIN	OEFFNUNG	APERTURE
DXFOUT	DXFOUT	OFANGO	SNAP
DTEXT	DTEXT	ORTHO	ORTHO
EDIT	EDIT	PAN	PAN
EINFUEGE	INSERT	PAUSE	DELAY
EINHEIT	UNITS	PEDIT	PEDIT
ELLIPSE	ELLIPSE	PLINIE	PLINE
ENDE	END	PLOT	PLOT
ERHEBUNG	ELEV	POLYGON	POLYGON
		PRPLOT	PRPLOT
FACETTE	CHAMFER	PUNKT	POINT
FANG	SNAP		
FARBE	COLOR	QTEXT	QTEXT
FILMROLL	FILMROLL	QUIT	QUIT

RASTER   GRID
REGEN   REGEN
REGENAUTO   REGENAUTO
REIHE   ARRAY
RESUME   RESUME
RING   DONUT
RING   DOUGHNUT
RSCRIPT   RSCRIPT

SCHIEBEN   MOVE
SCHRAFF   HATCH
SCRIPT   SCRIPT
SETVAR   SETVAR
SH   SH
SHELL   SHELL
SICHERN   SAVE
SKALA   AXIS
SKIZZE   SKETCH
SOLID   SOLID
SPIEGELN   MIRROR
STATUS   STATUS
STIL   STYLE
STRECKEN   STRETCH
STUTZEN   TRIM
SYMBOL   SHAPE

TABLETT   TABLET
TEILEN   DIVIDE
TEXT   TEXT
TEXTBLD   TEXTSCR
TYPE   TYPE

UMBENENN   RENAME
URSPRUNG   EXPLODE

VARIA   SCALE
VERDECKT   HIDE
VERSETZ   OFFSET

WAHL   SELECT
WBLOCK   WBLOCK

Z   U
ZEIGDIA   VSLIDE
ZEIT   TIME
ZLOESCH   REDO
ZOOM   ZOOM
ZUG   DRAG
ZUGMODUS   DRAGMODE
ZURUECK   UNDO

3DFLAECH   3DFACE
3DLINIE   3DLINE
?   ?

3.2.2 Englisch-Deutsch

APERTURE   OEFFNUNG
ARC   BOGEN
AREA   FLAECHE
ARRAY   REIHE
ATTDEF   ATTDEF
ATTDISP   ATTZEIG
ATTEDIT   ATTEDIT
ATTEXT   ATTEXT
AXIS   SKALA

BASE   BASIS
BLIPMODE   KPMODUS
BLOCK   BLOCK
BREAK   BRUCH

CATALOG   CATALOG
CHAMFER   FACETTE
CHANGE   AENDERN
CIRCLE   KREIS
COLOR   FARBE
COPY   KOPIEREN

DBLIST   DBLISTE
DDATTE   DDATTE
DDEMODES   DDOMODI
DDLMODES   DDLMODI
DDRMODES   DDRMODI
DEL   DEL
DELAY   PAUSE
DIM   BEM
DIR   DIR
DIST   ABSTAND
DIVIDE   TEILEN
DONUT   RING
DOUGHNUT   RING
DRAG   ZUG
DRAGMODE   ZUGMODUS
DTEXT   DTEXT
DXBIN   DXBIN
DXFIN   DXFIN
DXFOUT   DXFOUT

EDIT	EDIT	QTEXT	QTEXT
ERHEBUNG	ELEV	QUIT	QUIT
ELLIPSE	ELLIPSE		
ENDE	END	REDEFINE	BFLOESCH
LOESCHEN	ERASE	REDO	ZLOESCH
URSPRUNG	EXPLODE	REDRAW	NEUZEICH
DEHNEN	EXTEND	REGEN	REGEN
		REGENAUTO	REGENAUTO
DATEIEN	FILES	RENAME	UMBENENN
FUELLEN	FILL	RESUME	RESUME
ABRUNDEN	FILLET	ROTATE	DREHEN
FILMROLL	FILMROLL	RSCRIPT	RSCRIPT
GRAPHSCR	GRAPHBLD	SAVE	SICHERN
GRID	RASTER	SCALE	VARIA
		SCRIPT	SCRIPT
HATCH	SCHRAFF	SELECT	WAHL
HELP	HILFE	SETVAR	SETVAR
HIDE	VERDECKT	SH	SH
		SHAPE	SYMBOL
ID	ID	SHELL	SHELL
IGESIN	IGESIN	SKETCH	SKIZZE
IGESOUT	IGESOUT	SNAP	FANG
INSERT	EINFUEGE	SOLID	SOLID
ISOPLANE	ISOEBENE	STATUS	STATUS
		STRETCH	STRECKEN
LAYER	LAYER	STYLE	STIL
LIMITS	LIMITEN		
LINE	LINIE	TABLET	TABLETT
LINETYPE	LINIENTYP	TEXT	TEXT
LIST	LISTE	TEXTSCR	TEXTBLD
LOAD	LADEN	TIME	ZEIT
LTSCALE	LTFAKTOR	TRACE	BAND
		TRIM	STUTZEN
MEASURE	MESSEN		
MENU	MENUE	U	Z
MINSERT	MEINFUEG	UNDEFINE	BFRUECK
MIRROR	SPIEGELN	UNDO	ZURUECK
MOVE	SCHIEBEN	UNITS	EINHEIT
MSLIDE	MACHDIA		
MULTIPLE	NOCHMAL	VIEW	AUSSCHNT
		VIEWRES	AUFLOES
OFFSET	VERSETZ	VPOINT	APUNKT
OPPS	HOPPLA	VSLIDE	ZEIGDIA
ORTHO	ORTHO		
OSNAP	OFANG	WBLOCK	WBLOCK
PAN	PAN	ZOOM	ZOOM
PEDIT	PEDIT		
PLINE	PLINIE	3DFACE	3DFLAECH
PLOT	PLOT	3DLINE	3DLINIE
POINT	PUNKT	?	?
POLYGON	POLYGON		
PRPLOT	PRPLOT		
PURGE	BEREINIG		

3.3 Systemvariable

Aufbau der Darstellung:

Befehl

SYSTEMVARIABLE   (Typ)   Speicherung
Erklärung der Systemvariablen.

Abkürzungen zum Typ:

ganz	ganze Zahl.
reell	Dezimalzahl.
Punkt	Punkt.
3D Punkt	Punkt im Raum.
Text	alphanumerische Zeichenkette.

Abkürzungen zur Speicherung:

K	in Konfigurationsdatei ACAD.CFG gespeichert.
Z	in Zeichnung gespeichert.

Abfragebefehle

AREA   (reell)
Berechnet die Fläche für den Befehl FLAECHE, LISTE
oder DBLISTE (nur lesen).

DISTANCE   (reell)
Abstandsberechnung im Befehl ABSTAND (nur lesen).

PERIMETER   (reell)   Z
Umfangsberechnung im Befehl FLAECHE; LISTE oder
DBLISTE (nur lesen).

Abrunden

FILLETRAD   (reell)   Z
Abrundungsradius.

Allgemein

ACADPREFIX   (Text)
Verzeichnisname der Zeichnungen (nur lesen).

ACADVER   (Text)
Versionsnummer von AutoCAD.

DWGNAME   (Text)
Zeichnungsname (nur einlesen).

DWGPREFIX   (Text)
Laufwerk/Verzeichnisname für Zeichnungen (nur lesen).

EXPERT   (ganz)
Steuerung der Absicherungsfragen (z. B. "Sind Sie sicher?").
Folgende Anfragen werden unterdrückt:
1 = "Ich regeneriere, soll ich weitermachen?"
      "Wollen Sie den aktuellen Layer wirklich ausschalten?"
2 = Wie Anfragen unter 1. Zusätzlich:
      "Block ist bereits definiert. Neu definieren?"
      "Eine Zeichnung mit diesem Namen existiert bereits.
      Ueberschreiben?"
4 = Wie Anfragen unter 1 und 2.
Unterdrücken der Anfragen beim Befehl LINIENTP beim Versuch, einen bereits geladenen Linientyp zu laden oder einen Linientyp zu erzeugen, der bereits definiert ist.

TEMPPREFIX   (Text)
Verzeichnisnamen zur Aufnahme von Temporärdateien (nur lesen).

LASTPOINT   (Punkt)
Zuletzt gespeicherter Punkt bei Punkteingabe mit "@".

LASTPT 3D   (3D Punkt)
Wie LASTPOINT, jedoch mit Z-Wert.

MENUECHO   (ganz)
Steuerung der Anzteige für Menüs und Systemanfragen.
Die Summe der folgenden Werte ergeben die Steuerbits.
0 = Alle Menüeingaben werden angezeigt.
      Anfragen erscheinen normal.
1 = Menüfunktionen werden nicht angezeigt
      (<CTRL><P> schaltet Anzeige ein).

2 = Systemanfragen während des Menüs werden nicht
    angezeigt.
4 = Menüanzeige und Systemanfragen werden
    unterdrückt.

MENUNAME   (Text)   Z
Name der aktuell geladenen Menüdatei (nur lesen).

REGENMODE   (ganz)   Z
Automatische Zeichnungsregenerierung.
0 = Aus.
1 = Ein.

Apunkt

VPOINTX   (reell)   Z
X-Komponente des aktuellen 3D-Ansichtspunktes (nur
lesen).

VPOINTY   (reell)   Z
Y-Komponente des aktuellen 3D-Ansichtspunktes (nur
lesen).

VPOINTZ   (reell)   Z
Z-Komponente des aktuellen 3D-Ansichtspunktes (nur
lesen).

Attribute

AFLAGS   (ganz)
Bit-Code der Attributflags für den Befehl ATTDEF. Er
ergibts sich aus der Summe der folgenden Zahlen:
1 = Unsichtbar.
2 = Konstant.
4 = Prüfen.
8 = Vorprogrammiert.

ATTDIA   (ganz)
Wenn = 1, dann erscheint beim Befehl EINFUEGE bei   Z
Attributeingaben ein Dialogfenster.

58

ATTMODE   (ganz)   Z
Anzeigemodus für Attribute.
0 = Aus.
1 = Normal.
2 = Ein.

ATTREQ   (ganz)   Z
0 = Verwendung der Vorgaben (keine Wirkung, wenn
      ATTDIA=1).
1 = Anzeige der Attributanfragen.

AutoLISP

CMDECHO   (ganz)
Systemanfragen werden unterdrückt (z. B. Eingabe der
Attributwerte), wenn die Eingabe von einer AutoLISP-
Funktion kommt und die Variable = 1 ist.

Band

TRACEWID   (reell)   Z
Vorgabe der Bandbreite.

Basis

INSBASE   (Punkt)   Z
Basispunkt für die Einfügung (gesetzt von BASIS).

Bildschirmvariable

POPUPS   (ganz)
0 = Keine Unterstützung durch Bildschirmtreiber.
1 = Unterstützung durch Bildschirmtreiber.

SCREENSIZE   (Punkt)
Größe des Grafikbildschirms in Pixel, X und Y (nur lesen).

VIEWCTR   (Punkt)   Z
Mittelpunkt des aktuellen Ausschnitts (nur lesen).

VIEWSIZE   (reell)   Z
Höhe des aktuellen Ausschnitts in Zeichnungseinheiten
(nur lesen).

Bogen

LASTANGLE   reell
Endewinkel des zuletzt eingegebenen Bogens (nur lesen).

Einheiten

ANGBASE   (reell)   Z
Richtung des Winkels 0.

ANGDIR   (ganz)   Z
0 = Winkel im Gegenuhrzeigersinn.
1 = Winkel im Uhrzeigersinn.

AUNITS   (ganz)   Z
Winkelmaßeinheiten:
0 = Dezimalgrad.
1 = Grad, Minuten, Sekunden.
2 = Neugrad.
3 = Bogenmaß.
4 = Feldmaß.

AUPREC   (ganz)   Z
Dezimalstellen für Winkeleinheit.

COORDS   (ganz)   Z
0 = Koordinatenanzeige erst beim Picken eines neuen
     Punktes nachgeführt.
1 = Anzeige der absoluten Koordinaten wird ständig
     nachgeführt.
2 = Winkel und Abstand des letzten Punktes werden
     angezeigt, wenn der Winkel oder der Abstand verlangt
     wird.

LUNITS   (ganz)   Z
Modus für lineare Maßeinheiten.
1 = Wissenschaftlich.
2 = Dezimal.
3 = Engineering.
4 = Architectural.
5 = Brucho.

60

LUPREC   (ganz)   Z
Dezimalstellen oder Benenner für lineare Einheit.

Facette

CHAMFERA   (reell)   Z
Erster Facettenabstand.

CHAMFERB   (reell)   Z
Zweiter Facettenabstand.

Fuellen

FILLMODE   (ganz)   Z
Füllmodus.
0 = Aus.
1 = Ein.

Kpmodus

BLIPMODE   (ganz)   Z
Konstruktionspunkte setzen.
0 = Aus.
1 = Ein.

Kurvenlinien

SPLFRAME   (ganz)   Z
1 = Rahmen anzeigen.

SPLINESEGS   (ganz)   Z
Anzahl   der   Liniensegmenten   zwischen   zwei
Kontrollpunkten.

Layer

CLAYER   (Text)   Z
Aktueller Layer (nur lesen).

Ltfaktor

LTSCALE   (reell)   Z
Globaler Größenfaktor für Linientypen.

Objekteigenschaften

CECOLOR   (Text)   Z
Aktuelle Elementfarbe (nur lesen).

CELTYP   (Text)   Z
Aktueller Elementlinientyp (nur lesen).

ELEVATION   (reell)   Z
Aktuelle 3D-Erhebung.

THICKNESS   (reell)   Z
Aktuelle 3D-Objekthöhe.

Objektwahl

HIGHLIGHT   (ganz)
Ausleuchten bei der Objektwahl.
0 = Aus.
1 = Ein.

PICKBOX   (ganz)   K
Höhe des Objektwahlfensters in Pixels.

Ofang

APERTURE   (ganz)   K
Höhe des Objektfangfensters in Pixels.

OSMODE   (ganz)   K
Bit-Code der Objektfangmodi. Summe aus folgenden
Zahlen:
1 = Endpunkt   32 = Schnittpunkt
2 = Mittelpunkt   64 = Einfügen
4 = Zentrum   128 = Lot auf
8 = Punkt   256 = Tangente
16= Quadrant   512 = nächster
                    1024 = Quick

Qtext

QTEXTMODE   (ganz)   Z
Quicktextmodus.
0 = Aus.
1 = Ein.

Punkt

PDMODE   (ganz)   Z

Modus der Punktanzeige.

PDSIZE   (reell)   Z
Größe der Punktanzeige.

Skizze

SKETCHING   (reell)   Z
Genauigkeitsabstand beim Skizzieren.

SKPOLY   (ganz)   Z
Skizzieren von Linien.
0 = Linien erzeugen.
1 = Polylinien erzeugen.

Spiegeln

MIRRTEXT (ganz)   Z
0 = Keine Textspiegelung (Textorientierung wird bei-
        behalten).
Ungleich 0 = Textspiegelung.

Text

TEXTSIZE   (reell)   Z
Texthöhe als Vorgabe für neue Textelemente, die mit dem
aktuellen Textstil gezeichnet werden. (Keine Bedeutung
bei fixer Texthöhe).

TEXTEVAL   (ganz)

0 = Alle Textzeichenketten und Attributwerte werden als
      Text verstanden.
1 = Textzeichenketten und Attributwerte werden als
      AutoLISP-Ausdrücke aufgefaßt.

TEXTSTYLE   (Text)   Z
Name des aktuellen Textstils (nur lesen).

Zeichnungsgrenzen

EXTMAX   (Punkt)   Z
Obere rechte Zeichnungsgrenze (nur einlesen).

EXTMIN   (Punkt)   Z
Untere linke Zeichnungsgrenze (nur einlesen).

LIMCHECK   (ganz)   Z

Limitenüberprüfung.
0 = Aus.
1 = Ein.

LIMMAX   (Punkt)   Z
Obere rechte Zeichnungsgrenze (Limiten).

LIMMIN   (Punkt)   Z
Untere linke Zeichnungsgrenze (Limiten).

VSMAX   (Punkt)
Koordinaten der rechten oberen Ecke des aktuellen
"virtuellen Bildschirms" (nur lesen).

VSMIN   (Punkt)
Koordinaten der linken unteren Ecke des aktuellen
"virtuellen" Bildschirms (nur lesen).

Zeichnungshilfen

AXISMODE   (ganz)
Skala einschalten.
0 = Aus.
1 = Ein.

AXISUNIT   (Punkt)   Z
Festlegen des Skalenabstandes, X und Y.

GRIDMODE   (ganz)   Z
Raster einschalten.
0 = Aus.
1 = Ein.

GRIDUNIT   (Punkt)   Z
Rasterwert für X und Y.

ORTHOMODE   (ganz)   Z
Orthomodus einstellen.
0 = Aus.
1 = Ein.

SNAPANG   (reell)   Z
Fang- und Raster-Drehwinkel.

SNAPBASE   (Punkt)   Z
Fang- und Raster-Basispunkt.

SNAPISOPAIR   (ganz)   Z
Aktuelle isometrische Ebene.
0 = Links.
1 = Oben.
2 = Rechts.

SNAPMODE   (ganz)   Z
Fangmodus.
0 = Aus.
1 = Ein.

SNAPSTYL   (ganz)   Z
Fangstil.
0 = Standard.
1 = Isometrisch.

SNAPUNIT   (Punkt)   Z
Fangwert für X und Y.

Zeit

CDATE
Kalender, Datum und Zeit (nur einlesen).

DATE   (reell)
Julianischer Kalender, Datum und Zeit (nur einlesen).

TDCREATE   (reell)   Z
Zeit und Datum eines Zeichnungsbeginns (nur einlesen).

TDINDWG   (reell)   Z
Totale Editierzeit (nur einlesen).

TDUPDATE   (reell)   Z
Zeit und Datum der letzten Überarbeitung.

TDUSRTIMER   (reell)   Z
Benutzer-Stoppuhr (nur lesen).

Zugmodus

DRAGMODE   (ganz)   Z
0 = Kein sichtbares Nachziehen.
1 = Auf Anfrage.
2 = Auto.

DRAGP1   (ganz)
Konfiguration der Regenierierungsrate beim Nachziehen.

DRAGP2   (ganz)   K
Schnellzug Input-Abtastrate.

4 Schlüssel für das Arbeiten mit AutoCAD

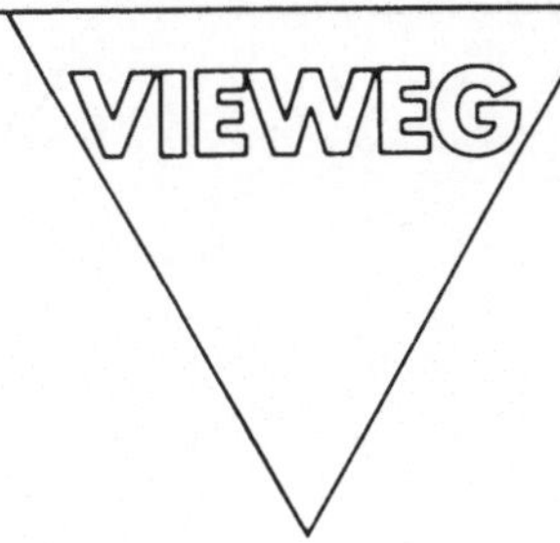

„... griffbereit!"

Wer kennt das nicht: Man sitzt am Computer, arbeitet mit DOS oder Word etc. und sucht nach einem bestimmten Befehl. Möglichst schnell und präzise möchte man wissen, wie man ihn einsetzen kann. Hier hilft die Reihe „... griffbereit". Alle Titel dieser Reihe enthalten prägnante und praxisgerechte Beschreibungen der jeweiligen Befehle in alphabetischer Reihenfolge: Schnelle, präzise Informationen, griffbereit neben dem Computer. Zusammen mit einem Schlüsselverzeichnis, das dem Benutzer den Weg weist vom konkreten Problem zu den entsprechenden Befehlen, stellt jeder Band eine zuverlässige Hilfe für den PC-Nutzer dar.

Aus der erfolgreichen Reihe sind lieferbar:

dBASE III Plus griffbereit
Ein Microsoft Press/Vieweg-Buch. 1987. XVI, 67 S. Kart.

MS-DOS griffbereit
Ein Microsoft Press/Vieweg-Buch. 2., verb. und erw. Aufl. 1987. X, 44 S. Kart.

Turbo Pascal griffbereit
Für alle Turbo-Versionen einschl. 4.0. 1988. X, 87 S. Kart.

Microsoft Multiplan griffbereit
Für alle Multiplan-Versionen einschl. 3.0. 1988. VIII, 58 S. Kart.

Microsoft Word 4.0 griffbereit
1988. VIII, 48 S. Kart.

Lotus 1 – 2 – 3 griffbereit. Makroprogrammierung
1988. VIII, 44 S. Kart.

Lotus 1 – 2 – 3 griffbereit. Bedienung
1988. XIV, 51 S. Kart.

In Vorbereitung sind:

Framework III griffbereit. Programmierung
1988. Ca. 80 S. Kart.

HyperCard griffbereit
1988. Ca. 80 S. Kart.

Word 4.0 für den fortgeschrittenen Benutzer
1988. Ca. 80 S. Kart.

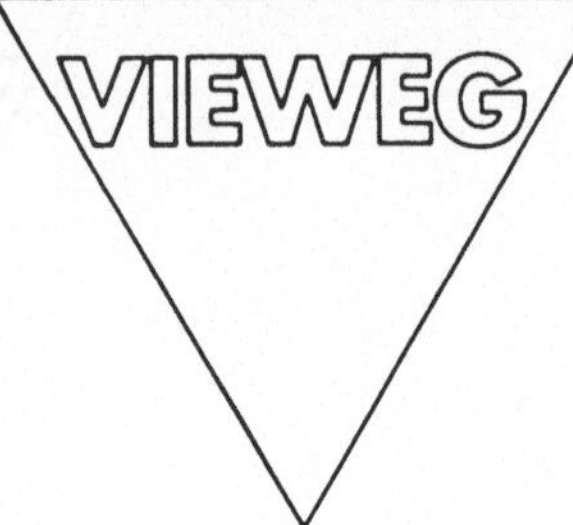

Ekbert Hering und Ute Fallscheer

CAD mit AutoCAD

Eine umfassende Einführung für alle AutoCAD-Versionen einschließlich 3.0.

1988. Ca. 280 S. 16,2 x 22,9 cm. Kartoniert.

<u>Inhalt:</u> Hardwarevoraussetzungen, Installation, Tastaturbelegung – Befehlseingabe, Menüs, Umgang mit Daten und Koordinaten – Verändern des Status, Einstellen der Peripheriegeräte – Digitalisiertabletts und Standardtabletts – Beispiele: Linien und Texte, Erklärung der Befehle – Anwendung der geometrischen Grundkonstruktionen – Bemaßung von Werkstücken – Arbeiten mit Blöcken und Schraffieren von Teilen – Darstellungen in der dritten Dimension (3D) – Isometrisches Zeichnen, Anwendung von Attributen – Restliche Befehle – Programmieren von AutoLISP.

Das Buch führt umfassend in die Handhabung und den Einsatz des CAD-Paketes AutoCAD ein. Der Leser erfährt alles über Computer Aided Design mit dem PC, angefangen bei den Hardwarevoraussetzungen über die Erklärung der Befehlsmöglichkeiten bis hin zur 3D-Darstellung, das Programmieren mit AutoLISP und isometrisches Zeichnen. Nicht zuletzt die vielen Übungsbeispiele, die Informationen über Zusatzanwendungen mit AutoCAD sowie ein Anhang mit einem ausführlichen Sachwortverzeichnis machen das Buch zu einem zuverlässigen Partner für alle Programmieraufgaben mit AutoCAD – sei es als Lehr- und Lernbuch oder als Nachschlagewerk.